둥글이, 싸움의 철학

뭉글이, 싸움의 철학

박성수 지음

한티재

싸움의 철학, 평화의 철학

나는 세상 사람들이 둥글이 박성수를 어떤 모습으로 기억하고 있을지 궁금하다. 둥글이를 알고 있는 사람들은 우리 사회의 모순과 갈등이 파 놓은 질곡을 넘나드는 이들이거나 길가에서 뜻밖의 전단지를 받은 해맑은 어린이들일 것이다. 아마도 대부분 기괴한 짓으로 평지풍파를 일으키는 '미친놈' 혹은 그저 길에서 만난 자상하고 이상한 아저씨라는 기억을 갖고 있지 않을까? 하지만 그가 왜 그런 행동을 하고 있는지 제대로 이해하는 이는 거의 없을 것이다.

이 책은 우리 시대의 고독한 예언자로서 거대한 사회악에 맞서 싸우고 있는 둥글이의 유쾌한 도발과 성실한 저항의 원천이 어떤 정신과 철학에서 비롯한 것인지를 보여준다. 그의 싸움의 철학은 치열한 투쟁으로 점철된 자신의 고단한 삶을 반복해서 성찰하며 체득한 것이다. 그는 그런 철학적 바탕 위에서 유머와 품격을 겸비한 독보적인 투쟁가가 되었다.

저자는 좌파와 우파, 진보와 보수로 나뉘어 갈등이 깊어진 우리 현실 속에서 평화를 위한 투쟁의 고수들이 갖추어야 할 덕목이 무엇인지 가르쳐 준다. 이 가르침은 단순히 탁상에서의 토론이나 학술적인 저서에 기록된 쪼가리 지식들의 모자이크가 아니다. 그는 동서고금의 문헌과 역사를 거침없이 넘나들며, 실제로 겪고 실수하고 뼈아프게 반성한 자기의 경험에 녹아 있는, 살아 있는 법칙과 변혁의 원리들을 논증하고 있다. 재미있으나 경박하지 않고, 매우 논리적이지만 형식주의에 얽매이지 않는다. 그의 싸움의 철학은 기실 갈등과 분쟁으로 상처 입은 우리 모두를 위한 독창적이고 실천적인 평화의 철학이다.

송강호 • 신학박사, 국제구호단체 '개척자들' 창립자

책머리에

중학교 점심시간. 식사 후 교실 뒤편 공터에서 친구들과 배구를 하고 있었다. 그런데 친구가 잘못 때린 공이 옆에 서 있던 '일진'의 뒤통수를 때렸다. 그 공은 내 앞으로 굴러왔고 나는 공을 집어 들었다. 뒤통수를 비비며 뒤돌아선 일진은 "어떤 새끼야!" 하고 소리쳤는데, 공을 들고 있는 나를 보더니 곧바로 다가와 내 명치에 주먹을 꽂았다. 참을 수 없는 통증과 함께 몸이 앞으로 고꾸라졌다. 일진은 계속 때리려는 자세를 잡았고 나는 두려움에 몸이 굳어 아무 소리 못 하고 그 위협을 받아들였다.

그때 문득 머릿속에서 어떤 울림이 있었다. 공을 손에 들고 어정쩡하게 서 있는 모습은 '맞는 자'로서의 예의가 아니라는 외침이었다. 몸소 일진이 때려주시는데, 좀 더 예의를 갖춰야 할 것 같았다. 손에 들고 있던 공을 옆에 있던 친구에게 건네고 몸을 바로 했다. 맞을 준비가 되었으니 때리고 싶으면 마음대로 때리라는 의도였다. 피라미드 먹이사슬의 가장 하층부에 있음을 시인한, 겸손한 샌드백의 자세였다.

그 시절은 나처럼 힘도 없고 빽도 없는 놈들은 살아남기 위해서 그렇게 알아서 기어야만 했다. 그렇게 '성의'라도 보이면 조금이라도 덜 맞을 수 있었다.

그런데 예상하지 못했던 일이 벌어졌다. 위협적이던 녀석이 갑자기 부드러운 투로 나를 대하는 것이다. 눈동자가 흔들리면서 다소 당황하는 기색마저 보였다. 이내 말꼬리를 흐리더니 다른 곳으로 사라졌다. 가관인 것은, 옆에서 이를 지켜보던 친구들이 경외의 눈빛으로 나를 보는 것이었다. 녀석들은 내가 '일진'과의 기 싸움에서 이긴 것으로 여기고 있었다. 내가 허리를 꼿꼿이 펴고 손에 있던 공을 옆 친구에게 건넨 것이 '그래 한번 붙어 보자'는 식의, 일종의 선전포고로 보였다는 것을 뒤늦게 알았다. 아무리 뛰어난 상상력의 소유자라 하더라도 '겸손하게 맞기 위해' 공을 건넸다고는 생각할 수 없었다.

더구나 당시 웃어른이 훈시할 때, 손가락을 오므려 주먹을 살포시 쥐고 몸에 붙이는 것은 학생의 바른 몸가짐이었다. 그것을 옆에서 구경하던 녀석들은 내가 주먹을 날리려고 준비한 것으로 여기기까지 했다. 설마 같은 반 친구 앞에서 그런 '바른 자세'를 취하려고 주먹을 몸에 갖다 붙였다고 여기지 않았던 것이다. 가뜩이나 나는 부끄러움을 많이 타서 주변 아이들의 시선이 나에게 쏠린 것에 긴장했었다. 볼이 달아오르고 얼굴 근육은 떨렸는데, 녀석들이 보기에는 그것이 마치 포효하기 직전의 '야수'의 모습 같았던 모양이다. 내가 당시 쫄아 있던 것과는 전혀 상관없이, 내 모습은 겉으로 보기에 '일진'의 폭력에 맞서는 영웅적 의지의 현현이었던 것이다.

이 소문이 퍼지자 나는 '서열'이 올라, 중학교 졸업 전까지 누구한테 시비 걸린 일이 없었다. 당시 나는 '일진'에게 비겁하게 맞은 것밖에 없는데, 그 뒤로 내 목에는 힘이 들어가고 자존감이 상승했다.

이 사건으로 전혀 예상하지 못한 변수가 인생의 향방을 결정할 수 있음을 알게 되었다. 원한다고 얻을 수 있는 것이 아니요, 오히려 거부하는 것이 어느새 내 손에 쥐어져 있고, 앞으로 가려다 보니 뒤에 와 있으며, 뒷걸음치는 것이 오히려 더 넓게 세상을 조망할 수 있는 인생사 비밀의 한 자락을 그때 경험했다.

'싸움의 철학'이라는 이 책의 제목은 그래서 붙은 것이다. 싸움의 승패는 단순히 상대보다 힘이 센가 약한가로 결정되는 것이 아니다. 삶의 예상할 수 없는 다양한 문제가 얽히고설켜 승패가 결정된다. 한발 뒤로 물러나 상황을 관조하고, 자기를 들여다보고, 수양하고, 상황을 새롭게 해석하며, 불안과 공포, 증오를 극복하는 과정 자체가 인생사 긴 투쟁의 성패를 좌우할 수 있기에 그 복잡다단함을 '철학'이라는 단어로 집약했다.

특히 이 책은 단순히 상대와 맞서는 투쟁의 필요-방법에 대한 얘기보다 스스로 내실을 기하고, 갈등을 조율하고, 절망을 극복하며, 삶을 긍정하는 다양한 자성의 기술을 더 많이 담고 있다. 하지만 그렇게 자기를 들여다보고, 수양하며, 화해하고, 인생 긍정에 다다르는 과정 자체가 자신과 맞서야 하는 치열한 내적 투쟁이다. 따라서 넓은 의미의 '싸움'에 포함된다. 그 결과 책의 정체가 아주 모호하다. 에세이, 사회분석, 경구, 심리학, 철학, 헛소리, 자조적 푸념 등이 양푼의 비빔밥처럼 종합적으로 버무려져 있다.

이 책은 인생의 가장 흉악한 것부터 가장 아름다운 것까지, 가장 자잘한 일에서부터 가장 위대한 과업까지, 가장 강한 것에서 부드러운 것에 이르기까지 폭넓은 스펙트럼상의 문제를 부채 펼치듯 살펴보며 나름대로 '자유정신'을 탐구했다. 가능성과 현실성 사이에 다리를 놓고, 카오스와 질서를 하나로 묶어 인생의 대양에서 표류하지 않고 희망의 항해를 할 방법을 모색했다. 이러한 시도를 통해 공허한 이상주의에 맞서 일상의 실천을, 만연한 증오에 맞서 넉넉한 여유의 길을 모색했다.

'자율과 주체'는 그 길을 열기 위한 핵심 키워드이자 이 책의 중심을 관통하는 주제이다. 이를 위해 우리 사회에서는 아직 낯설고 재미도 없는 실존의 문제를 다뤄야 했기에, 그것이 피부에 와 닿지 않는 분들에게는 지루한 이야기가 될 수도 있다. 하지만 누군가는 인생사에서 경험하는 다양한

'싸움'에 대처할 작은 힌트를 얻을 수 있으리라 믿는다. 이 책이 '바른 몸가짐'으로 일진을 제압한 전설적인 싸움의 고수 둥글이가 친히 쓴 책임을 기억하라. ㅠㅜ

책이 나오기까지 수고해 주신 분들이 있다. 이향림 작가, 배지영 작가, 방형민 님, 윤철면 님, 원동업 님, 이재현 님, 김태균 님, 배인석 님, 노승민 님이 교정 작업을 하는 데에 다양한 방면의 도움을 주셨다. 특히나 평생 노동·사회운동에 헌신했던 고 서장호님께서 돌아가시기 얼마 전 원고를 읽어보시고 조언을 해주셔서 내용에 살이 붙을 수 있었다. 또한 이 책이 나오기까지 수고를 아끼지 않으신 도서출판 한티재에 감사드린다.

2019년 5월

둥글이 박성수

차
례

1 입문: 똑바로 서기

2 기초: 동양의 고수들

3 심화: 싸움의 철학사

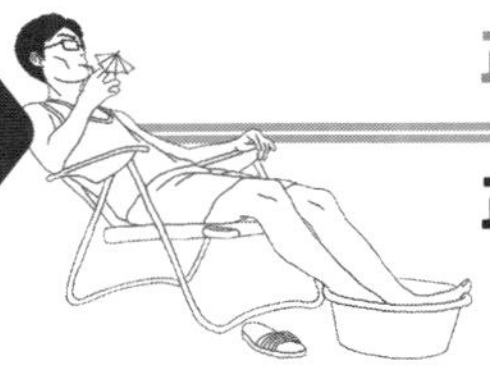

4

고급:

고수의 비법

1

입문

똑바로 서기

이탈리아의 철학자이자, 수학자, 천문학자인 조르다노 브루노(1548~1600)는 16세기 유럽의 지성을 대표하는 인물이다. 그는 지구 중심의 전통적인 천문학을 부정하며 지동설을 주장하는 등 기존 신학 질서를 어지럽혔다는 이유로, 교황청으로부터 이단으로 낙인찍혔다. 전통 신학 교리에 의하면 하느님은 천지창조의 많은 시간을 지구에 쏟았고 자신의 형상을 닮은 아담과 하와까지 만들어 내셨을 정도로 지구는 각별한 곳이다. 그런 지구가 우주의 중심인 것은 당연한데 이를 부정한다는 것은 신성모독이나 다를 바 없었다. 이 때문에 브루노는 도망과 체포, 심문이 거듭되는 삶을 살았다.

1592년 브루노는 급기야 로마 교황청 감옥에 갇혔고, 재판 중에 종교 재판관들로부터 그간의 주장을 철회할 것을 거듭 강요당했다. 이를 받아들이면 즉시 풀려날 수 있었고, 햇볕 내리쬐는 생기 가득한 대학에서 남은 생을 강의와 연구를 하며 한가히 보낼 수 있었다. 하지만 그는 사상의 자유를 안락과 바꾸지 않았다. 그 때문에 종교재판소의 음울

한 지하 감옥에서 7년을 더 견뎌야 했다. 그 막바지에 브루노는 여전히 자신의 주장을 철회하지 않겠다는 입장을 밝혔다. 격분한 교황은 브루노를 "회개할 줄 모르는 완강한 이단자"로 선고할 것을 종교 재판관들에게 명령했다.

사형이 선고된 1600년 2월 8일, 브루노는 종교 재판관들을 향해 소리쳤다. "선고를 받는 나보다 선고를 내리는 당신들의 두려움이 더 클 것이오." 재판관들은 격분했다. 더 이상의 교권 모독 발언을 하지 못하도록 브루노의 혀와 입천장을 쇠꼬챙이로 뚫었고, 재갈이 채워졌다. 얼마 후 그는 캄포 데 피오리 광장으로 이송되어 불타는 장작더미 위에서 '정화'되었다. 그 비극적 결말은 찬란한 미래의 여명이었다. 현재 그가 화형당한 캄포 데 피오리 광장 중앙에는 그의 동상이 세워져 후대인들을 내려다보고 있는데, 동상에는 이러한 글귀가 새겨져 있다.

"브루노, 그대가 여기에서 불태워짐으로써 그 시대가 성스러워졌노라."

사상의 자유를 위해 목숨을 맞바꾼 브루노는 이렇게 역사에 불멸의 이름을 남기게 되었고, 유럽 자유주의 운동의 상징이 되어 후대에 다양한 영감을 제공했다. 자유의 가치를 무엇보다 우선시하는 서구인들의 열망이 단적으로 드러나는 대목이다.

반면, 한국 사회에서 중요하게 요구되는 미덕은 조화와 화합이다. 이는 집단주의 사회에서 내부 분열을 막기 위해 문화적으로 가해지는 압력이다. 개인은 순응하는 양이기를 암묵적으로 요구받고 무한한 수용이 강요된다. 이 때문에 사람들은 모나지 않게 두루뭉술 사람들과 관계를 맺고 살아가는 것을 바람직한 삶으로 여긴다. 과거부터 우리 사회의 광장이라 칭할 만한 곳에는 기껏해야 열녀비, 충절비, 전적비, 참전비가 세워져 있고 습속과 제도에 대한 헌신만이 강조될 뿐, 세태에 반하거나 시류를 거스르는 목소리가 새어 나올 틈이 없다. 이는 남들 따라하는 것은 잘 하지만 새롭게 창조하는 능력이 부족한 개성 없는 집단성과도 일맥상통한다.

조선의 역사를 살펴봐도 유교적 명분 싸움이나 모두가 수긍하는 대의에 목숨을 걸어 이름을 날린 이들은 많을지언정 대세에 맞서는 개인의 자율적 권리를 위해 홀로 세태에 맞선 이는 찾아보기 어렵다. 여인들의 삶을 옥죄는 삼종지도를 헌신짝처럼 내던지고, 폼 잡기 좋아하는 양반사회에 균열을 낸 후, 당당히 자신의 욕망을 따라 움직인 어우동을 자유의 선구자로 부를 수 있을 정도이다. 이러한 집단적 규율의 사회에서 전통과 습속에 대한 존중이 강요되고, 넉넉한 웃음과 양보의 미덕 그리고 양순함이 최고의 덕성으로 추앙받는 것은 자연스러운 일이다. 하지만 그것이 과연 우리에게 자유를 주었는가?

우리의 일상을 보자. 부모와 교사의 억압, 상사의 갑질, 자본가의 횡포 앞에 우리는 순한 양으로서 살아갈 따름이다. 거대 권력이 빚어낸 부조리와 부정과 불의가 널려 있고, 그것들은 삶 속에 교묘히 스며들어 우리의 자유정신을 좀먹고 있다. 그럼에도 많은 사람들이 이를 외면하고, 분노하지 않고, 저항하지 않으며, 무조건적인 수용과 조화만을 추구한다. 노예만이 그러한 굴종을 미덕으로 여긴다. 하지만 세태는 그러한 이들을 '호인'이라고 칭송한다. 때론 영성·종교 운동 분야에서 '모든 것이 내 탓'이라며 자기 성찰만을 강조하며 사회참여 자체를 금기시하기도 한다. 이 모든 문제는 아직 계몽의 횃불에 자신의 얼굴을 비춰볼 기회를 얻지 못한 시대와 장소의 한계이리라.

자유는 스스로를 짓누르는 모든 억압과 권위와 불의, 부조리를 인식하고 벗어날 힘을 기를 때에만 우리의 것이 된다. 기존의 가치와 윤리, 도덕, 문화, 삶의 양식, 제도와 선입견, 권위와 사상, 종교의 억압으로부터 탈피해야 한다. 친구와 형제, 부모와 스승, 선배, 상사의 그늘로부터 벗어나야 하고 자신이 속해 있는 조직과 습속, 생활양식은 물론 유행, 세태 등 모든 내·외부의 압력까지도 극복해야 한다. 왜냐하면 그것들은 우리가 이 야만적인 세상을 유지하고 공모하도록 이끌기 때문이다. 자유에 대한 일말의 믿음이 있다면, 그것들을 거부하고, 저항하며, 투쟁하고, 부수고, 짓이기고, 침을 뱉어야 한다. 내 살과 뼈를 이루는 세포와 골수를 시뻘겋게 달궈진 칼로 도려내야 한다.

자유란 여유롭고 넉넉한 삶의 분위기 속에서 잔잔한 음악에 귀를 기울이고 향긋한 커피를 마시며 느긋하고 평안한 한때를 보내는 그런 것이 아니다. 자유는 오히려, 우리의 능동을 방해하는 이 사회의 모든 문화적, 법적, 인식적 장애물을 어떠한 수고를 무릅쓰고서라도 물리치는 투쟁적인 활동에 가깝다. 결국 자유란 이를 가로막는 폭압에 맞선 처절한 투쟁이고, 인생은 그 자유를 사수하기 위한 격렬한 전장이다.

인생은 우리의 본질과 경험을 끊임없이 빛과 불꽃으로 바꾸는 과정이다. — 니체 (1844~1900)

싸우기만 하는 이들의 부자유

2015년 7월. 작렬하는 태양빛으로 펄펄 끓는 광화문 광장에서 세월호 유가족들이 진상규명을 요구하며 단식투쟁을 하고 있을 당시. 피가 말라가는 유가족들을 향해 삿대질을 하며 "자식 팔아 그 정도 돈 챙겼으면 됐지!", "우리가 배 타고 가다 죽으라고 했냐?"며 허위사실을 유포하고 망언을 일삼은 자들이 있었으니, 바로 '어버이연합', '엄마부대' 같은 보수단체였다. 이 단체들은 당시 국정원 혹은 청와대와 교감하고 일정을 조율하며, 정부기관이나 경제단체들로부터 사례금과 지원금까지 받아 챙기며 활동해왔다는 것이 밝혀졌다. 박근혜 정권의 용병들을 이 책에서 거론하고 싶은 마음은 없다. 그 용병들이 찔러주는 일당을 챙기기 위해 태극기를 흔들었던 추한 노인들도 떠올리고 싶지 않다. 하지만 그 외의 많은 노인들이 관절염과 허리통증, 한푼이 아쉬운 주머니 사정에도 광장으로 나설 수 있게 했던 힘은 바로 '애국적 분노'였다.

분노한 노인들의 주장은 구호 하나로 간략히 정리할 수 있다. 빨갱이 타도! 이는 단순히 "좌파를 반대한다"는 수준을 넘어 무시무시한 살의를 담고 있다. 태극기 집회 현장에서 만난 노인들은 좌파들에 대한 증오로 가득 차 있었다.

2017년 3월 10일, 박근혜 탄핵 결정이 내려지기 직전 헌법재판소가 있는 안국역 3번 출구 앞에서 빚어진 무수한 폭력 사건이 한 예이다. 보수단체 집회가 열리는 그 출구 쪽으로 올라갔던 많은 젊은이들은 태극기를 안 들고 있다는 이유로, 진을 치고 있던 노인들에게 무참히 두들겨 맞았다. 나 역시 반대편 출구 쪽 촛불 집회장으로 나갔어야 했는데 방향을 잘못 들어 3번 출구로 나갔다가 유명을 달리할 뻔했다. 다행히 내 가방에 붙어 있는 세월호 리본을 본 경찰이 달려와 잡아끈 덕분에 화를 피할 수 있었다. 생각이 다른 이들을 섬멸해야만 직성이 풀리는 분열적 사고를 가진 이들이 만들어 내는 폐해이다. 그 대책 없이 '저돌적이기만 한 투쟁력'은 끝 간 데 없이 사회를 분열시키고 박근혜 정권이 몰락하는 데 일조했다. 심지어 보수 내의 친박-비박의 끊이지 않는 갈등을 만들어 내며 자신들의 입지까지 갉아먹고 있다. 2019년 전반기 자유한국당 전당대회에서 '태극기 세력'이 당의 추락을 가속화하고 있음에 대해서는 당의 중진들이 모두 인정할 정도이다.

그런데 '저돌적이기만 한 투쟁력'이라면 진보도 이에 뒤지지 않는다. 자유당 내의 '태극기 부대' 역할을 하는 극성 세력들이 진보 진영의 곳곳에도 포진해 있다. 지긋지긋한 내부의 이념-주도권 싸움은 물론이거니와 사소한 개념 하나에 대한 이견 가지고도 철천지원수가 되어 산산이 부서질 때까지 격돌한다. "차라리 자유당을 찍을망정 상대 계파에게는 표를 안 주겠다"는 말을 자랑하듯 떠벌린다. 사회적 약자의 해방을 실현하려는 시대정신에 바탕을 둔 진보적 이상주의는, 그 투철한 사명감 때문에 내 방식의 이념과 활동만 정의이고 진리라는 독단으로 흐른다. 이로 인해 옆에서 지켜보는 이들이 진저리를 치고 떨어져 나가는 경우가 허다하다.

보수는 그나마 마을의 부녀회, 경로당, 봉사회 등에 모여 그 특유의 친화력으로 사람들을 다독이는 포용력이라도 있지만, 진보의 현학적 이상주의는 사람들을 질리게 만들어 저 멀리 쫓아낸다. 보수나 진보나 가리지 않고 묵자의 말에 귀 기울여야 하는 것은 바로 이 대목이다.

끊임없는 전쟁으로 민중의 삶이 도탄에 빠지고 혼란과 폭력이 극도에 다다랐던 중국의 춘추전국시대. 묵자는 제자백가 중에 유가와 함께 가장 이름을 떨친 학파였다. 후세인들이 묵가에 대해 "아궁이에 불을 지피자마자 집을 나섰다"고 평할 정도로 제후국들 사이를 동분서주하며 국가 간의 분쟁을 중재하고 전쟁을 미연에 막으려 노력했다. 전쟁의 피해는 가장 힘없는 민중들이 고스란히 떠안아야 했기 때문이다. 남루한 차림에 봇짐을 하나 짊어지고 민중의 신음이 있는 곳을 짚신 발로 찾아다녔다.

그는 "사람은 귀천의 구분 없이 모두 천자다"라고 말했을 만큼 당시 세태에서는 생각할 수 없는 파격적인 인간관을 견지했다. 민중 한명 한명을 귀하게 여겼기에, 서민들의 목숨을 '군수품'으로 다루는 국가권력에 맞서 경건한 평화주의를 지향했다. 그 평화주의는 거창한 이론에 머문 것이 아니었다. 지행합일의 실천을 강조했고, 그 밑바닥에는 겸양과 포용의 마음이 깔려 있었다.

묵자는 "양자강과 황하는 시냇물과 작은 물줄기를 마다하지 않기에 수량이 증대해 큰 강을 이룰 수 있다"고 했다. 대의의 실현은 사람들을 밀쳐 내고 분열시키는 소인배 근성이 아닌, 사람을 품는 넓은 아량에서 시작해야 함을 지적한 것이다. 그런 인품으로 묵자는 출병 준비를 하고 있는 적마저도 자기편으로 만들었다. 그가 즐겨 썼던 '겸상애 교상리(兼相愛 交相利, 모두 서로 사랑하고 서로 이롭게 해간다)'는, 이해와 가치가 조금만 다르면 사분오열하는 서양식 이분법과 흑백논리의 저주에 걸린 이 시대를 살아가는 이들이 음미해야 할 말이다.

묵자는 화해와 겸양의 상징이었다. 첩자로 몰려 죽임을 당할 것을 감수하고 국가 간 분쟁에 뛰어들어 이해관계를 조정하고, 갈등을 조율하며, 전쟁을 말리는 일에 자신의 일생을 내던졌다. 전쟁이 터졌다 하면 공격받는 약소국 성에 찾아들어가 목숨을 걸고 강대국의 공격에 맞섰다. 이 때문에 중국 봉건 역사 2천 년 동안 위정자들은 묵자의 사상을 축출하려고 끊임없이 시도했다. 하지만 인간에 대한 깊은 사랑과 배려를 무기 삼은 이 비공(非攻)과 화해, 겸양의 철학자는 민중의 가슴속에 뿌리를 내리고 그 맥을 이어올 수 있었다.

흔히 이상과 대의를 걸고 싸우다 보면, 성에 차지 않는 대중의 태도가 경멸스럽게 느껴질 수 있다. 또 판세가 오가는 위기 상황에서의 조바심은 독단으로 치닫기 십상이다. 하지만 묵자는 생사가 걸린 치열한 분쟁의 최전선에서 누구보다 큰 위험을 자처하고 나섰지만, 인간에 대한 배려와 겸양을 잃지 않았다. 그런 면에서 오늘날 '싸움을 위한 싸움'에만 몰두하는 많은 이들의 분열적 사고를 치유하는 데 묵자의 사상과 실천은 더없이 귀한 처방전이다.

모든 사물은 옳을 때도 있고, 옳지 않을 때도 있다.
혹은 한 경우에는 두루 표현되지만, 다른 한 경우에는
두루 표현되지 않는다. — 묵자 (중국 춘추전국시대 사상가)

균형의 힘

한국 사회는 유독 심한 분열의 특징을 가지고 있다. 보수와 진보가 극단적으로 분열해 있고, 각각의 진영 내에서도 노선이 복잡하게 나뉘어 있다. 이론과 실천이 분리되어 있으며, 세대 간 분열도 극심하다. 심지어 초·중·고등학교에서도 학년 간 분열과 위계가 심각하다. 좌뇌와 우뇌의 분리 또한 심각해 감성적인 사람들과 논리적인 사람들은 소통의 길을 찾을 수 없을 정도이다. 장애인과 비장애인들은 철저히 분리된 삶을 살아가고 있고, 배운 자와 못 배운 자, 가진 자와 못 가진 자 사이의 경계가 휴전선 철책처럼 뚜렷하다. 혈연, 지연, 학연 또한 분열적 특성의 대표적인 모습이다.

본시 이것들은 모두 한데 어우러져 내 삶을 구성하는 것들인데 어쩌다 이토록 나뉘고 찢어지게 되었을까. 그것은 아마도 외세에 의한 강제 개항으로 비롯한 근대사의 비극, 일제 치하의 역사, 남북한 분단 상황이 만들어 낸 적대적이고 대립적인 사회 체제, 가족주의와 집단주의의 폐쇄성, 냉정한 사리분별보다는 감성과 감각에 즉자적으로 반응하는 사회정서 등의 영향일 것이다. 이것들이 다양한 가능성의 기회들을 막고, 어렸을 때부터 한정된 공간에서 각인된 경험과 이해만을 자기 것으로 취함으로써 어느 한쪽으로 치우치게 만들었을 것이다. 이러한 이분법의 병폐 중 하나가 바로 어떤 사람들은 '아예 싸우지 않는 삶'을 살고, 어떤 사람들은 '허구한 날 싸움만 하는 삶'을 사는 것이다.

인간은 필요할 때에는 목소리를 높이고 싸우다가도, 물러나서는 스스로를 낮추고 관조해야 하는 법이다. 하지만 이러한 균형이 깨지다 보니 한쪽에는 '절대로 싸우지 않는 사람'이, 반대쪽에는 '늘 싸움만 하는 사람'이 저마다의 세상을 살게 되는 것이다. 하여 절대로 싸우지 않는 사람은 세상의 부조리를 보고도 모르는 체 넘어가거나 '내 탓이요'만 반복하고, 반대로 늘 싸움만 하는 사람은 조율하고 포용해야 할 때마저도 목소리를 높이며 끝없는 분열과 갈등의 씨앗이 된다.

이 경계를 무너뜨리고 양자를 통합하고 균형을 잡는 것은 무엇보다 중요하다. 진보와 보수, 이성과 감성, 이론과 실천, 영성과 사회의식, 포용력과 투쟁력, 이 사이를 잇고 종합하는 것은 지금까지의 반쪽짜리 삶을 극복하고 온전한 하나의 인간으로 다시 태어나는 작업이라 할 수 있다.

장자의 「제물론」에는 이런 글귀가 있다. "是以聖人和之以是非(시이성인화지이시비) 而休乎天均(이휴호천균) 是之謂兩行(시지위양행)." 바른 인간됨이란 한쪽으로 치우치지 않고 옳은 것과 그른 것을 종합적으로 관조해서 보며(천균), 자유자재로 양자 사이를 오가는 능력(양행)이라는 것이다. 이는 회색분자나 기회주의자가 되라는 말이 아니다. 회색분자나 기회주의자는 자신의 이익을 위해 양자 사이의 기계적 균형을 노리거나 편의에 따라 양극단을 오간다. 하지만 '천균'과 '양행'은 인간성을 제대로 발현하여 양극단을 아우르게 하고 동시에 자신의 개인성을 세계와 역사, 그리고 자연의 흐름에 녹여 낼 수 있는 힘이다. 지금 우리에게는 그 균형의 힘이 필요하다.

진정으로 강한 사람은 치열하면서도 온화해야 한다.

또한 이상주의자이면서 현실주의자이어야 한다.

— 마틴 루터 킹 (1929~1968, 미국 침례교 목사, 인권운동가)

통합의 힘

베트남 출신의 승려 틱낫한은 생불로 추앙받던 스님으로, 깊은 혜안을 담은 그의 책들은 출간할 때마다 세계적 베스트셀러가 되었다. 그런 스님의 취미생활 중 하나는 텃밭에서 상추를 기르는 것이었다. 어느 날 서양의 한 저널리스트가 밭에서 일하고 있는 스님에게 다가가 안타까운 듯 말을 건넸다.

"스님. 왜 이 귀한 시간에 상추를 돌보시나요? 상추 기르기는 누구나 할 수 있지만, 스님의 지혜의 말씀은 세상에 오직 한 명, 스님밖에 하실 수 없습니다. 이 귀한 시간에 상추 돌보는 일보다는 세상을 비추는 좋은 책을 써서 포교하고 중생을 한 명이라도 더 구제하시는 것이 어떠십니까?"

틱낫한 스님은 답했다.

"당신들 서양 사람들은 참 이해가 안 됩니다. 모든 것은 이어져 있는 거예요. 내가 그런 책을 낼 수 있었던 것은 바로 상추를 길렀기 때문에 가능했던 것입니다. 지금 이 상추 기르는 행위 자체가 글을 쓰는 행위와 연결되어 있다는 말이에요."

이는 자기의 마음을 다스리는 활동과 세상사가 결국은 하나로 연결되어 있음을 얘기하는 것이다.

나무뿌리와 줄기의 예를 들어 보자. 나무는 생래적으로 뿌리와 줄기 사이의, 다시 말해서 잠재성(뿌리)과 현실성(줄기) 사이의 가장 이상적인 균형을 대지 위에 구현해 낸다. 그런데 만약 뿌리가 줄기와 가지에 영양분을 주지 않고 뿌리 자신을 키우는 데에만 매진한다면 그 나무는 꽃을 피우거나 열매를 맺지 못할 것이다. 반면 줄기로 뻗어나간 발심(發心)이 뿌리와 소통하지 않고 그 가지에만 머물러 있다면, 비정상적으로 성장한 줄기와 가지의 무게를 이기지 못해 쓰러지면서 나무 자체를 고사시킬 것이다. '나를 찾는 활동'과 '사회참여 활동'이 종합되어야 하는 이유도 이와 같다.

'나를 찾는 활동'은 스스로를 반성하고, 낮추고, 비우는 활동이다. 남들과 싸움만 해서는 얻을 수 없는 것으로, 묵자가 말한 겸양과 화해가 핵심이다. 이는 '뿌리-근원으로 돌아가는 활동'이라고 할 수 있다. 근원으로 돌아가는 활동의 '비우고 낮추는 의지'는 인간성의 폭을 깊고 넓게 만든다. 하지만 근원으로 돌아가는 활동뿐이라면 이는 극단적 신비주의와 관념론, 직관론으로 치우칠 수 있고, 허공에 붕 뜬 삶으로 점철될 수 있다.

이에 반해 '사회참여 활동'은 부조리한 세상에 문제를 제기하고, 스스로를 높이며 채우는 활동이다. 이는 '뿌리-근원으로 돌아가는 활동'과는 반대로 '줄기-현실을 구체화하는 활동'이다. 현실을 구체화하는 활동은 우리 삶의 실질적 생기를 더해 주는 활동이다. 하지만 현실을 구체화하는 활동뿐이라면, 잠재된 가능성을 무시하고 눈에 보이는 것만 맹신하는 감각의 노예로 전락할 수 있다. 세태에 불만이 있다고 해서 늘 투덜대며 싸움만 하다 보면 그러한 감정과 경험의 포로가 되고 정신은 현실에 고착되기 때문이다. 따라서 이 양자, 즉 뿌리와 줄기를 동시에 키우는 활동, 나를 찾는 것과 사회참여를 동시에 이루는 활동을 잘 접목하고 중용을 이루는 것에 인생의 성패가 달려 있다.

문제는 이러한 균형 잡기가 쉽지 않은지라, 어느 순간 한쪽 방향으로 쏠리다 보면 그것이 중심인 줄 알고 계속 그 방향으로 기울어진다는 것이다. 이때 바로 '균형의 붕괴'와 '치우침'이 발생하는 것이다. 인간은 그러한 균형을 맞출 장치(천균, 양행)를 갖고 태어났지만 그것이 저절로 알아서 균형을 맞춰 주지는 않는다. 그 능력을 발하여, 양자(나를 찾는 활동과 사회비판 활동)를 아우르고 통합하여 이 사이를 자유롭게 오갈 수 있는 능력을 갖추는 것은 각자의 몫이다.

이는 유교에서 보면 인을 닦는 데에만 몰입하지 않고 '치국평천하'의 길을 모색하는 것이고, 불교로 보면 선정과 지혜를 하나로 합치는 '정혜쌍수'의 길이며, 기독교로 보면 사후 천국에만 집착하던 발상을 탈피해 이 땅에서 주님의 뜻이 이뤄질 수 있게 힘쓰는 '체현적 믿음'이다. 철학적으로 보면 직관과 사고를 하나로 합치는 '전인적 인간의 길'이다.

양자 사이를 소통하고 균형 잡는 능력은 '나'와 '사회'의 이분법을 통합하는 데에만 쓰이지 않는다. 가능성과 현실성 사이에 다리를 놓고, 카오스와 질서를 하나로 묶는다. 그것은 세상의 가장 부드러운 것과 가장 강력한 것을 종합하고, 가장 큰 슬픔과 가장 큰 기쁨 사이를 균형 잡는 역할을 한다. 가장 온건한 것과 가장 극단적인 것을 하나로 엮으며, 가장 별 볼 일 없는 것과 가장 위대한 것 사이를 이어내는 힘까지 발휘할 수 있다.

이러한 힘이 있는 이들은 슬픔과 기쁨이 한 줄기에서 온다는 사실을 알고, 고통과 쾌락을 따로 놓고 생각하지 않는다. 남이 나와 다르다고 분노하지 않고, 차이가 있음을 넉넉히 받아들이는 여력이 있다. 부조리와 증오에 맞서다가 그에 휩쓸리는 우를 범하지 않고, 치열히 싸우면서도 덤덤히 현실을 관조하는 여유를 가진다. 있다고 우쭐대지 않고, 없다고 기죽지 않는다. 강하되 부드럽고, 비천한 것 같으면서도 고결하며, 아무것도 아니지만 전부인 존재가 될 수 있다. 평온하기만 한 삶에 머물지도 않고, 싸우기만 하는 삶에만 안주하지도 않는다. 그 조절 능력을 갖추는 것은 한편으로 '수신'이고, '득도'이며, '구원'이다. 이러한 균형을 회복하기 위해서는 어디서부터 우리의 균형이 깨졌는지 먼저 고민하고 살펴야 한다.

때때로 손에서 일을 놓고 휴식을 취해야 한다.
쉼 없이 일에만 파묻혀 있으면 판단력을 잃기 때문이다.
잠시 일에서 벗어나 거리를 두고 보면 자기 삶의 조화로운
균형이 어떻게 깨져 있는지 보다 분명하게 보인다.

— 레오나르도 다빈치 (1452~1519)

"내가 할게!" vs "넌 왜 안 해?"

어떤 개인이 박근혜를 지지하고 이명박을 열렬히 추앙한다고 해도 그 정치적 기호 자체에 대해 비난할 수 없다. 인간 각자가 태어나면서부터 스스로에게 부여한 자유할 권리를 감히 누가 침해할 수 있다는 말인가. 다만 박근혜, 이명박 지지자들이 우리에게 "당신들 빨갱이지?", "좌빨은 북한 가라"며 각 개인의 권리를 무시하고 공격할 때에만 우리는 그들과 맞서 싸울 저항권을 얻는다. 그런 경우가 아니라면, 그들을 안타까워할 수는 있을지언정 비난할 수는 없다.

그런데 광장에서 함께 '촛불'을 들었던 사람들끼리 정상적인 수위를 넘어 상대를 비난하거나 특정 입장이나 행동을 강요하는 모습을 보면 참으로 충격적이다. 아마 이명박, 박근혜 정권의 짓눌림이 너무 고통스럽고 절망스럽다 보니, 그에 맞서 힘겨운 투쟁을 하면서 '오직 타도'를 외치며 상대에게 삿대질하는 연습만 하다 보니, 목소리를 낮추고 스스로를 돌아보는 능력을 아예 상실한 듯하다. 때로는 자기가 왜, 무엇을 위해, 무엇과 싸웠는지를 잊은 채, 박근혜 지지자, 이명박 지지자들의 폭거를 답습하는 모습까지도 보인다. 현재 진보 진영 내에 특정 정치인을 두고 벌이는 극단적 지지자들과 극단적 반대자들끼리의 소모적인 논쟁 행태가 그 대표적인 모습이다.

어떤 정치인을 지지하거나 반대하거나 적당한 수준에서 하면 되고, 자기들 할 일이나 알아서 하면 된다. 그런데 서로 "왜 지지하냐?", "왜 지지 안 하냐?"면서 서로 비난을 일삼는다. 격앙된 감정과 과잉 논리로 무장한 양편은 서로 모욕과 혐오를 남발하며 대립한다. 당장의 헤게모니 쟁취에 도움이 될 것 같으면 극우의 논리까지 받아들인다. 상황을 과장·왜곡하여 가짜뉴스를 만들어 상대를 공격한다. 그 싸움이 워낙 격렬하다 보니 균형을 잡던 이들도 이 양극단의 소모적 논쟁에 휘말린다. 동물보호운동, 환경운동, 노동운동, 종교운동, 문화운동 등 각종 소수자와 약자의 권리 찾기 운동 전반에 걸쳐서도 이러한 분열과 극단성이 눈에 띈다.

그런 극단성은 선악의 이분법에서 시작된다. 자신을 '절대선', '절대 정의'로 규정하고 상대를 '절대악', '절대 불의'로 낙인찍어 무참한 공격을 정당화한다. 상대방의 별다른 의도 없는 주장과 행위조차 악의가 가득한 것으로 과대·확대 해석하고 규탄하는 데 주저함이 없다. 이러한 갈등의 과정에 각자의 목소리는 점점 격해지고 수단·방법 가리지 않는 난타전이 벌어진다. 주위에 똑같은 이들이 몰리고 패당을 형성해 자위하니 자신의 생각에 문제가 있을 수도 있다는 가능성조차 스스로 돌아보지 못하고 극단으로 치닫는다. 그 무익한 양극단의 '정의 논쟁'에 마치 패싸움하듯 사람들이 휘말려 들어간다. 언론도 중심을 못 잡고 휩쓸려 간다. 대중들은 그 진흙탕 싸움에 염증을 느껴 떨어져 나가고, 시민사회의 기반은 무너지지만, 당사자들은 헤게모니 싸움에 여념이 없어 그런 사실조차 헤아리지 못한다.

원래는 모두 선량한 사람들이었다. 세상이 잘되기를 간절히 염원했던 사람들이고, 아낌없는 노고를 쏟았던 이들이다. 세상의 빛과 소금 같은 귀한 존재들이었다. 그런데 어느 때부터인가 "나만 옳아!"의 감옥에 갇혀 자신이 아는 것을 남에게 강요하며 서로를 무참히 짓밟는 경쟁을 하고 있다. 그러면서 원래 추구하던 '공공선'과는 점점 멀어진다. 오히려 세상을 깊은 불안과 어둠으로 몰아넣는 존재가 되어 간다. 히틀러가 세계를 참화로 몰아 간 것 역시 악의가 아닌 선의로부터 시작된 일이었음을 기억해야 한다. 의도가 선하다고 그 과정과 결과가 모두 정당화되는 것은 아니다. 그 선의의 실현 과정 하나하나에 인간에 대한 배려와 타인에 대한 존중이 깔리지 않으면 필연적으로 악으로 수

렴된다. 이렇다 보니 원효대사는 '선을 행하지 말라'는 말을 남겼을 정도이다. 자기 식의 선을 당연시 여기는 행위는 타인에게 폭압이 될 수 있기 때문이다.

극우 노인들을 보라. 그들은 세상을 향한 막중한 책임감 때문에 허리가 부러지는 이들이다. 얼마나 책임감이 강하면 앞으로 태어날 미래세대의 문제까지 자신들이 모조리 결정하고자 혈안이 되어 있다. 관절염에 무릎이 쑤시고, 한 걸음 내디딜 때마다 호흡이 가쁘지만, 꾸역꾸역 지팡이를 짚고 광장으로 나온다. 그들은 세상이 망하기를 바라는 사람들이 아니다. 세상이 잘되기를 바라는 열정은 누구보다 충만하고, 그들만의 정의감은 누구도 따를 수 없다. 하지만 주체, 자율, 다양성, 상대성에 대한 이해와 배려가 전혀 없다 보니, 그들이 '세상을 위해' 목소리를 높이는 만큼 고스란히 적폐로 쌓이는 것이다. 되돌아봄과 배려가 없는 세상 걱정은 자기 아집을 위해서는 좋은 것일지언정 세상에는 도움이 안 된다는 것을 보여주는 사례가 바로 그들이다. 그 모습을 진보들이 답습하고 있다.

이것은 감당할 수 없을 만큼 세상을 걱정하는 데서 오는 부작용이다. 세상 잘되기를 바라는 간절한 바람이 절망에 부딪힐 때, 그것은 무서운 분노와 증오로 변해 주변 사람들을 할퀸다. 그러니 세상 걱정, 남 탓은 적당히 하고, 남이 뭘 생각하든 신경 끊고, 누가 누구를 지지하든 말든 상관 말고, 자기 길을 묵묵히 가야 한다. 내가 옳네, 네가 옳네, 무익한 정의·이상 논쟁 적당히 하고, 그 정의와 이상을 구체화하여 작은 실천을 끌어내는 데에 생의 열정을 쏟아야 한다. 그것은 한번 길을 잃으면 독단에 빠지고 제자리 찾기 어려운 우리의 정신이 중심과 균형을 회복할 수 있는 유일한 방법이다.

"내가 이거 할게" 하는 솔선은 공동체에 활기를 불어넣는 생명의 말이자 우리 존재의 균형을 만들어 내는 희망의 송가이다. 반면 "너는 왜 이걸 안 해?"라는 원망은 집단을 파괴하는 죽음의 말이고 온전히 서 있는 사람까지 쓰러뜨리는 저주의 주문이다. 전자는 스스로의 삶을 개척하는 주체의 말이고, 후자는 타인을 강제하는 파시스트의 말이다. 빛과 어둠의 차이이다. '주체'는 이 양자를 구분하는 핵이다.

위기의 상황에서 지혜로운 자는 다리를 만들고,

어리석은 자는 벽을 쌓는다. — 블랙 팬서(영화 주인공)

그만 뭉치자

인간 사이의 투쟁은 남들로부터 인정받고 어떤 성과물을 자기 것으로 만들려는 과정에서 발생한다. 그 투쟁의 세력화를 위해 사람들은 집단을 형성하는데, 이러한 집단성에 한국인 특유의 '빨리빨리 문화', '로또 심리'가 복잡하게 얽혀 다양한 해악을 만들어 낸다.

그 대표적인 사례를 집회 문화에서 찾을 수 있다. 집회 문화를 보면 종교 행사 풍경과 흡사하다. 일주일 내내 자신의 일상에서 예수와 석가가 살라는 삶과 정반대로 살아온 상당수 종교인들. 이들은 주간에는 성경, 불경 말씀을 깡그리 잊어버린 채 이웃을 핍박하고, 사랑은 개를 주고(반려동물 애호가를 말하는 게 아니다), 예수와 부처를 부인하는 삶을 살다가, 일요일만 되면 교회와 절에 가서 은혜가 가득 넘치는 표정으로 참회의 눈물을 흘리며 "주여, 주여" "나무아미타불"을 외친다. 이 풍경이 바로 집회 문화와 판박이라는 것이다.

평소에는 마을이나 직장에서 부정과 부조리, 불의가 보여도 꾹 참고 속앓이만 한다. 그러다 한 번씩 집회장에 모여 바글대는 집단의 어우러짐 속에서 (“주여, 주여” 하듯이) “타도, 타도”를 외치며 한풀이, 살풀이를 하는 것은 아닌가. 물론 집회 자체가 정치적 압력을 행사하고 사회적 여론을 만들어 내며 힘을 결집하는 순기능이 있다. 하지만 한국인 특유의 '모난 돌이 정 맞는 것을 무서워하는 정서'의 압력으로 일상에서는 쥐 죽은 듯 있다가 떠들썩한 집단의 살풀이로 정의감을 퉁치며 도덕적 허기를 채우는 것은 아닌지 성찰해 봐야 한다. 이는 역설적이게도 대규모 집회에 맛을 들일수록 그 반작용으로 우리의 주체와 자율적 활동력이 저하될 수 있음을 말한다. 박근혜 정권 말기 거리로 쏟아져 나왔던 그 무수한 대중들을 이제는 더 이상 거리에서 볼 수 없는 이유도 그와 맥을 같이한다. 현재에도 다양한 부조리가 빚어지고 있고 각종 소규모 집회가 있지만, 소수 인원이 모이는 집회는 부흥회 하는 맛이 나지 않아 참여하지 않는 것이다. 거대한 인파의 흐름 속에서는 집단의 관성에 휩쓸리면 되지만, 소수 인원이 모이는 집회는 남들 눈에 띄고 자의식이 발동되기에 꺼려지는 것이다.

가뜩이나 이러한 '집단주의 정서'는 앞서 말한 대로 '빨리빨리 문화'와 '로또 심리'와 묘하게 어우러져 있다. 일상에서 주체적으로 나서서 자잘한 실천을 하고, 기본을 다져서 차분히 사회를 변혁하려는 꾸준한 노력보다, 큰 집회 한 방으로 손쉽게 끝내 보려는 조급함이 그 속에 미묘하게 잠재해 있는 것이다. 더 큰 문제는 이러한 집단주의 정서, 로또 심리의 증진이 상당수 시민사회단체들의 이권과 맞물려 있다는 것이다.

이런저런 사건 현장에서 단체들이 모여 회의하는 것을 많이 보았다. 그중에는 정말 순수하고 헌신적으로 묵묵히 움직이는 단체들이 많이 있다. 하지만 "우리 단체 대표가 집회에서 발언할 기회를 안 주면 집회 때 회원들 안 데리고 온다"는 식의 협박 아닌 협박을 하는 단체의 실무자들도 있었다. 사람들에게 자기들 단체를 알려야 단체 회원이 한 명이라도 더 생길 것이고 단체 운영이 될 것인데, 집회 현장에서 대표가 마이크 잡고 연단에 올라가는 것은 단체 홍보하기 좋은 기회이기 때문이다. 해결해야 할 사회적 현안을 자신들 기득권과 연관시켜 판단하는 것이다. 이 때문에, 일부 집회 현장은 부조리에 맞서 결의를 모으는 자리라기보다는 사람 많이 끌어 모아 자기들 정견 발표회를 하고 잠재적 회원을 발굴하는 지리멸렬한 비즈니스의 장으로 전락하는 경우도 있다. 물론 자기 단체의 성장을 위한 노력도 해야 하겠지만 가끔 '주'와 '부'를 착각해 도를 넘는 행태를 보이니 문제인 것이다.

그들 자체가 시민의 주체적 능동성이라는 것을 제대로 이해하지 못한 상태에서 과거 군부독재와 싸우던 집단적 투쟁 가치관에 매몰되어 있으니 이런 행태를 보이는 것이다. 그렇다 보니 오히려 개인의 주체가 깨어나지 못하게 막고, 집단의 살풀이 장을 계속 연장하는 경우도 있다. 시종일관 자신들의 조직 관리를 위한 이벤트성 활동에 집착하는 것이다. 집회 현장에서 "여러분, 정말 중요한 것은 이렇게 한 번씩 모여서 큰소리 내는 것보다는 여러분들 일상의 장에서 자잘한 실천을 하는 것입니다. 우리가 모두 일상에서 그런 실천을 찾아 할 수 있다면 이런 집회에는 굳이 안 나와도 됩니다" 하는 말을 할 수가 없는 것이다. 그것이 사회에는 좋은 일이기는 할망정 단체의 운영을 어렵게 할 것이기 때문이다. 일부 대형 보수 기독교 교회의 신도관리 기법의 판박이이다.

상당수 대중들 역시 주도적으로 이러한 문제를 인식하고 해결을 위한 능동성을 길러본 적이 없는지라, 주류 시민사회단체의 '다음 집회 일시 공지'만을 기다리는 것 외에는 달리 할 일이 없다. '주체와 자율'이 없어 빚어지는 '집단주의'의 폐해이다. 보수나 진보를 가리지 않고 시민사회가 제대로 성장할 수 없는 악순환은 이렇게 반복되는 것이다.

'한 방에 인생 역전을 노리는', '집단정서에 편승한 감성'이 만들어 내는 부조리를 살펴야 한다. 일상에서 꾸준하고 자잘하며 능동적인 실천을 통해 사회의 기반을 든든히 할 수 있는 역량을 갖춰야 한다. 주체적 문제의식을 가지고 사안의 해결 방법을 고민하고, 실천하며, 그 결과와 책임을 스스로 지려는 자율적 능력이 강화되어야 한다.

그런데 우리의 자율적이고 주체적인 성장을 방해하는 복병이 있으니, 그것은 바로 우리 내부의 '히스테리'이다.

가장 중요하면서도 가장 소홀하기 쉬운 대화는
바로 자기 자신과의 대화이다.
— 악셀 옥센셰르나 (1583~1654, 스웨덴의 정치인)

내 안의 히스테리

인간에 대한 증오심 때문에 동물에 대한 극단적 애착을

갖는 이들이 있다. 개에 물린 사람을 향해 “왜 개를 놀라게 하냐!”며 화를 내는 견주(犬主)는 그 한 사례이다. 사회복지 시설에서는 종종 수용자들에 대한 폭력과 착취 사건이 벌어지곤 하는데, 이는 ‘복지’라는 미명 아래 잠재된 가학증의 일면이다. 노동자의 권리를 찾기 위해 머리에 띠 두르고 나서는 정규직 노동자가 하청업체 비정규직 노동자들의 외침을 잔인하게 억압하는 경우가 심심치 않게 발생한다. 사회개혁을 이루고자 하는 자신들의 원대한 사명감에 동조하지 않는 이들을 노골적으로 개돼지로 규정하는 진보들도 부지기수다. 종교운동, 사회운동, 각종 소수자와 약자의 권리 찾기 운동 등에도 이러한 배타주의와 극단주의가 곳곳에 배어 있는 것을 목격할 수 있다.

이들은 자기가 약자, 혹은 약자를 옹호하는 입장에 있다는 이유로, 자기와 생각이 다르고 자기들을 지지하지 않는 이들을 타도의 대상으로 규정하고, 무참히 짓밟는 것을 당연하다고 여긴다. 그 공격성이 막무가내이며 무차별적으로 드러남으로 인한 폐해가 적지 않다.

노인문제로 사례를 들어 보자. 현재의 노인들은 스스로를 희생해 국가의 터전을 만들어 낸 장본인들이다. 6·25 후 폐허 복구를 위해 피와 살을 도려내는 노력을 쏟았다. 그들 세대의 평안과 행복을 담보로 '한강의 기적'이 만들어졌다. 자식들을 위해 그렇게 대책 없이 퍼주는 부모들은 세계적으로 유례가 없다. 하지만 이런 노인들 상당수가 자식들에게 버림받는다. 무의탁 독거노인이 한국에는 2백만 명이다. 자식들 퍼주느라 노후준비를 안 하다 보니, 관절염으로 쑤시는 몸을 이끌고 아르바이트를 찾아 나서거나 폐지를 주우러 다녀야 한다. 세계 최고의 노인 고용률을 보이는 것은 당연하다. 많은 노인들이 쓸쓸히 고독사하거나 이를 견디지 못하고 자살한다. OECD 최고의 노인 자살률이다. 사회에서 가장 고통 받는 소수자 계층이 바로 노인들이라고 할 수 있다.

하지만 노인들은 '로비력'이 없기 때문에 이런 문제들은 언론에서도 제대로 조명되지 않는다. 고독과 질병, 생활고 때문에 하루에 열 몇 명씩 자살하는 노인들에 대한 기사를 써봤자 누가 거들떠보겠는가. 소외된 사회적 약자로서 노인들은 서럽다. 자식들에게 버림받고, 병들어서도 진통제 사먹을 돈도 없고, 연탄도 못 때고 냉방에서 얼어 죽어가는 자신들을 보니 세상이 증오스럽고 저주스럽다.

이런 현실에서, 노인들이 소외된 약자의 울분을 터뜨리며 "어른 공경 안 하는 근본이 없는 것들은 싸그리 씨를 말려 버려야 해", "좌우지간 요새 머리에 피도 안 마른 싸가지 없는 년놈들이 세상을 다 망쳐 놓고 있어" 하고 목소리를 높였다고 생각해 보자. 여기에 버스 노인석에 앉은 젊은이를 날라 차기로 응징하며 정의를 바로 세우고자 하는 사명감을 과감히 실천했다고 해보자. 노인들은 '사회적 약자'이고 '힘없는 소수자'라는 생각에서 말이다. (얼마 전, 노인석에 앉은 젊은 승객을 한 노인이 폭행한 사건이 실제로 있었다.) 더불어 이러한 노인인권운동의 극단성을 우려하는 주위 사람들에 대해 "소수자의 권리 찾기를 하다 보면 부차적으로 있을 수 있는 일이다. 본질은 보지 않고 사안의 꼬투리를 잡고 늘어지는 당신 역시 소수자 혐오자다!"라며 규탄의 기치를 높였다고 해보자. 자, 이를 접한 사람들은, 이런 행동을 '노인의 정당한 저항권'으로 받아들일 수 있을까?

문제는 이런 극단적 행태가 노인만이 아닌 다양한 부류에서 나타나고 있다는 것이다. 단지 자신들이 소수자이고 사회적 약자라는 이유에서 말이다. 그러한 이들일수록 자기가 속하거나 지지하는 소수자의 입장만 극단적으로 대변할 뿐, 그 반작용으로 다른 소수자의 고통이 가중될 수 있다는 것은 인식하지 못한다. 자신들의 주장을 관철하기 위해 상황을 과장하거나 거짓말을 보태는 것도 예사로 여긴다.

'히스테리적 사고'의 맹점이다. 더욱 나쁜 것은 사회적 약자, 소수자의 이름을 내걸면 어떤 주장을 하든 용인되는 분위기가 이러한 히스테리를 오히려 조장한다는 것이다. 언론이야 자극적인 기사가 돈벌이가 돼서 그런다 치지만, 균형을 잡아야 할 처지에 있는 이들까지 분위기에 휩쓸리며 상황을 악화시키는 데 일조하고 있다.

살면서 얻은 상처와 결핍을 자신이 몸담고 있는 사회운동 영역에서 발산하는 것도 큰 문제이다. 거기에 고학력과 지적 능력, 사회적 영향력이 더해지면 복잡한 갈등이 맞물려진다. 이 때문에 각각의 투쟁 영역은 사회적 약자의 빼앗긴 권리와 평등, 평화를 회복하기 위한 진취적 성취의 장이 아닌, 본인들의 집단 히스테리를 풀어내기 위한 궁시렁거림의 장으로 전락하는 경우도 흔히 보인다. 불평, 불만은 있을지언정 지혜로운 비전과 실천, 미래가 없는 공간 말이다. 하지만 그럴싸한 명분과 이념, 사회적 약자 대변이라는 대의로 포장되다 보니 그러한 대책 없는 분열과 갈등이 오히려 권장되는 경우도 있다. 극단주의가 힘을 얻는 메커니즘이다.

물론, 애초에 싸울 수밖에 없는 상황이 있기는 하다. 상대편이 먼저 주먹을 휘두르고 달려들 때에는 자구책이 필요하다. 하지만 작금의 일부 극단적 성향의 행태들을 보면, 뭐든 조금만 비위가 상하면 상대가 어떤 사람인지, 상대가 어떤 맥락에서 그런 얘기를 했는지 살피지 않는다. 우선 상대를 적으로 규정해 모욕을 주고 인신공격을 하여 쓰러뜨림으로써 그 반사이익으로 자신들의 입지를 구축하려 하는, 도를 넘는 배타주의가 난무한다. 숨을 고르고 차분히 문제제기함으로써 해결할 수 있는 사안에서도 무조건 상대방을 두들겨 패고 본다. 의견이 좁혀지거나 조율될 가능성은 완전히 사라진다. 대신 철천지원수가 되고, 상호 파괴의 길로 치닫게 된다.

"괴물과 싸우는 자는 자신 역시 괴물이 되지 않도록 경계해야 한다. 그대가 한참 동안 심연을 들여다보고 있을 때, 심연 또한 그대를 들여다보고 있다"는 한 현인의 말은 그런 맥락에서 나온 말이다.

그렇게 자신도 추스르지 못하는 운동이 남에게 인정받을 리는 만무하다. 이는 더 큰 소외와 상흔이 되어 욕구불만을 가중시키며, 그가 세상을 향해 자기 권리를 주장하는 정도에 따라 세상으로부터 그만큼 격리되는 악순환이 반복된다. 더군다나 결핍이 있는 이들일수록 목소리가 강렬해 주목효과가 크다 보니 장기적으로 각각의 운동진영의 기반을 약화시키는 해악으로 작용하기도 한다.

이것은 비단 사회운동의 문제만이 아니다. 우리 일상의 이야기이기도 하다. 인간은 각자 삶에서 불안, 공포, 상실감, 열등감으로 인한 크고 작은 정신적 외상을 갖게 되고, 다양한 심리적 문제를 일상에서 미묘한 방식으로 표출한다. 어떤 것은 워낙 미묘해서 그것이 문제인지 아닌지 구분하기 힘들고, 보려고 하면 숨어 있다가 주의가 분산되면 다시 나타나기도 한다. 정신적 퇴행이 빚어지는가 하면, 비합리적인 충동에 고스란히 노출되기도 한다. 타인을 불신하고 시기하며 모함하거나, 철저한 배척과 증오의 형태로 그것이 드러나기도 한다.

그런 면에서 '자신의 히스테리를 스스로 찾아내는 것'은 사회참여 활동에 관심 있는 이들의 기본적인 소양이 되어야 한다. 세상을 위해 어떤 위대하고 숭고한 일을 할지는 그 다음의 문제이다. 바로 거기까지는, 즉 자신의 상처, 어두운 경험, 자존의 어긋남, 히스테리를 냉정하게 살피고, 그것을 인정하고 받아들이며, 치유의 노력을 통해 먼저 올곧게 대지 위에 서는 것까지는 각자가 스스로 해야 할 일이다.

그렇게 스스로 서는 것을 방해하는 히스테리의 두드러진 특성은 '피해의식'이다.

올바른 말을 선택하면 상황에 따른 상대방의 반작용을

실질적으로 감소시킬 수 있다.

— 데이비드 J. 리버만 (미국의 심리학자)

희대의 연쇄살인마와 피해의식

2004년 1월 14일. 매서운 추위가 기승을 부리던 부천시의 모 연립주택 공터 놀이터. 한 남성이 놀이터에서 놀던 두 남아를 식칼로 위협해 인근 산으로 데려가 성추행한 후 목 졸라 살해하고 시신을 암매장했다. 그 후 그 남성은 2년간 경찰의 포위망을 피해 다니며 열세 명의 민간인을 더 살해하고, 이십여 명에게 부상을 입혔다. 범행은 주로 식칼로 피해자를 난도질하거나 파이프렌치 등의 둔기로 머리를 내려치는 방법으로 이뤄졌다. 난데없는 공격에 목숨을 잃은 이들은 말할 나위 없지만, 살아남은 이들도 지울 수 없는 심신의 외상을 안고 살아가야 했다.

잔혹하게 저지른 일련의 연쇄 살인사건 범인을 잡기 위

해 경찰은 엄청난 병력을 투입했지만, 마지막 범행 중 체포될 때까지 범인에 대한 작은 단서 하나도 잡을 수 없었다. 경찰은 나중에 그 남성의 집을 압수수색하고 나서야 흔적 없는 범죄가 이뤄진 이유를 알 수 있었다.

그의 집에는 과학 잡지가 무수히 쌓여 있었다. 자신의 범죄를 다루는 기사는 물론 사건 담당 수사관의 사진까지 벽에 스크랩하며 자신의 범죄를 치밀하게 운영하고 있었다. 족적을 남기지 않게 신발 밑창을 다 도려내는 등 완전범죄를 위한 물품들도 다수 발견되었다. 영양 균형을 위한 철저한 식단은 물론, 이틀에 한 번씩 10킬로미터 마라톤을 통해 체력관리를 게을리하지 않았고, 살인 훈련의 장기적 계획까지 짜여 있었다. 그러한 치밀함으로 사건 현장에 실마리를 남기지 않았던 것이다. 그는 바로 희대의 살인마 정남규이다.

정남규는 경찰 조사 과정에서 "내가 죽였는데 유영철이 (자기가) 한 것처럼 말해 기분 나빴다", "3천 명은 죽였어야 하는데, 너무 아쉽다", "살인을 할 때에는 머리가 맑아졌다"는 말까지 했다. 그를 면담했던 범죄심리학 전문가는 "지금까지 많은 연쇄살인마를 대했지만 정남규가 가장 오싹했다"고 소회를 털어놓았을 정도이다.

그런데 정남규가 연쇄살인마의 길로 들어서기까지의 과정 역시 그가 저지른 범죄만큼이나 처참했다. 그는 우선 가정 폭력의 피해자였다. 아버지는 심각한 알코올 중독자였고 상습적으로 폭력을 휘둘렀다. 그 폭력에 짓눌려 가정 살림을 꾸려야 했던 어머니로부터도 제대로 된 사랑을 받았을 리 없다. 무기력한 장남으로 끊임없이 수치심과 상처를 축적해 갔다. 여기에 동급생들의 따돌림과 폭행으로 고통을 받았고, 초등학생 때에는 마을 중년 남성에게 성폭행까지 당했다. 끔찍한 경험을 통해 할퀴어진 정신이 온전했을 리 없는데, 고등학교 졸업 후 입대한 군대에서는 '고문관'으로 낙인찍혀 온갖 가혹행위를 당했다. 그러한 상흔은 그를 더욱 피폐하게 만들었다.

전역 후, 대인기피증에 시달리며 인간관계가 단절되고 극도의 위축감에 고통 받던 그는 살인을 통해 억눌린 영혼의 탈출구를 찾게 된다. 그는 경찰에 체포되어 조사 받던 중에 "담배는 끊어도 살인은 못 끊는다. 사람이 고통에 괴로워하며 죽어가는 모습과 집이 불타오르는 모습에 황홀해지는 기분을 느낀다"는 말까지 했다. 참을 수 없는 자기혐오가 타인에게 전가되었던 것이다. 어렸을 적부터 키워온 피해의식이 얼마나 뿌리 깊고 끔찍한 것이었는지를 말해

주는 대목이다. 정남규의 사례는 극단적이기는 하지만, 피해의식이 만들어 내는 폐해의 본질을 보여준다.

피해의식은 사전적으로 '자신의 생명이나 신체, 재산, 명예 따위에 손해를 입었다고 생각하는 감정이나 견해'이다. 이에 따라 세상 사람 누구나 피해의식을 가지고 있다. 다만 정도의 차이가 있을 따름이다. 똑같은 일을 경험하는데도 자기가 훨씬 더 큰 고통을 받았다고 여기고 그것이 전적으로 남 탓이라고 전가하며 세상에 해코지하려는 태도에서 피해의식은 자라나기 시작한다. 어린 시절의 학대, 육체적·정서적 폭력, 실패·상실감, 소외, 모욕감, 사회 습속과의 괴리 등은 이러한 피해의식을 부추기는 요소이다.

물론 이런 끔찍한 일을 겪었다고 무조건 피해의식에 빠져 살인범이 되는 것은 아니다. 이러한 경험적 요소들이 '무너진 자아상', '내적 결핍'과 맞물려 정서적·인지적 악순환이 이뤄질 때, 피해의식은 파괴적인 성향으로 분출된다.

특히나 인간은 자신의 경험과 자기 자신을 혼동하는 경향이 있다. 자신의 경험을 자기 자신과 동일시하고 자아상으로 굳힌다. 부정적 경험일수록 흡착력이 더더욱 강해 자신을 끊임없이 자책하고 비하하게 만들며 자기증오로 이끈다. 이렇게 굳어진 고정관념에 기반을 둔 '피해의식적 세계관'은 스스로를 환기시킬 새로운 경험을 새로운 것으로 받아들이지 못하게 한다. 대신 피해의식을 강화하는 방식으로 취사선택, 스스로 '피해자로서의 입지'를 구축하는 데 이용한다. 피해의식에 빠진 마음은 "나는 고통 받는 피해자야", "이 고통에서 벗어나기 위해 세상이 뒤집어져야 돼", "나와 같은 생각을 하지 않는 이들은 모두 나에게 피해를 주는 적이야", "그들을 응징하지 않으면 나는 이 고통에서 헤어나올 수 없어" 하는 발상의 악순환을 만들어 낸다. 그 결과 자기가 믿는 대로 비참한 현실에 놓인다. 어려운 표현으로 '자기실현적 예언'이라고 하고 쉽게 얘기하면 '자기 최면'이다.

안타깝게도 이러한 문제를 스스로 살피지 못하는 많은 이들은 피해의식의 공격성이 가져오는 일시적인 성취나 해방감에 도취되어 주변 사람들까지 피해의식의 수렁으로 밀어 넣는다. 이들은 과거의 경험이 무의식에 각인시킨 부정적 기억을 털어내지 못하고 자존을 좀먹을 만한 사건들에 집착하며 자신의 상처를 쉴 새 없이 헤집는다. 피해의식의 가장 심각한 폐해는 이렇게 당사자를 파괴하는 것에 그치지 않고 파괴의 연쇄반응을 불러일으킨다는 것이다. 피해의식은 불특정 다수에 대한 무분별한 분노와 증오를 발산하게 하는데, 그 반작용으로 타인의 거부와 반발이 발생하고 그 거부에 직면해 더더욱 극단화하며 공동체를 파괴할 때까지 이 연쇄반응을 지속시킨다.

이런 폭탄 같은 이들의 특징은 내적 안정감이 부족하고, 끊임없이 자기혐오를 전가할 대상을 찾으며, 다른 사람이 자기와 생각이 다르다는 것을 견디지 못해 극렬히 공격성을 드러낸다는 것이다. 극단적인 예가 정남규의 사례지만, 그 정반대쪽 극단(예수와 석가) 사이의 무수한 스펙트럼 상의 한 점 어디에 우리 각자의 피해의식과 자존은 위치해 있다.

현재 내가 심각한 피해의식에 빠져 있는지를 확인하는 방법은 아주 간단하다. 지금 다른 사람과 세상에 의해 피해를 받고 있다는 의식으로 견디기 힘들 만큼 고통스러운 상황에 있고, 그래서 이가 갈리고 다 뒤집어버리고 싶은 심정이라면, 조그만 자극에도 자제할 수 없는 분노가 솟구쳐 오른다면, 하여 불특정 다수를 적으로 규정해 해코지할 궁리를 하고 있다면 피해의식에 빠져 있을 가능성이 크다. 아무리 사회적으로 중요한 이슈를 제기하고, 부당한 권력에 맞서 장엄한 투쟁을 하는 사람이라 하더라도, 그런 심리 상태라면 피해의식에 빠져 있을 가능성이 크다.

왜냐하면 상대가 지금 나에게 직접적인 물리적, 심리적인 고통을 가하고 있지 않는 이상, 그 고통은 자기실현적 예언을 통해 스스로 만들어 낸 고통에 불과하기 때문이다. 스스로 '피해자 역할'을 자처하고서 상처를 헤집은 결과로 얻은 자승자박의 결과일 가능성이 높기 때문이다. 그렇다 보니 석가는 이렇게 말했다.

"고통이 나를 붙잡고 힘들게 하는 것이 아니라, 내가 그 고통을 붙잡고 있는 것이다."

건강한 사람들과 비교해 보면 이는 확연하게 드러난다. "너는 어떻게 해도 내 몸의 털끝도 건드릴 수 없어" 하는 생각이 건강한 사람들이 가진 힘의 원천이다. 건강한 사람은 같은 상황이라도 부정이 아닌 긍정의 필터로 사태를 해석하고, 타율이 아닌 자율의 언어를 선호한다. 건강한 사람들은 상대방과 세태에 의해 좌지우지되지도 않고 감정적으로 격동하지도 않으며 절망할 일도 거의 없다. 과거의 경험에 발목 잡히지도 않고, 자기 스스로 내린 저주에 빠져 허우적거리지도 않는다. 인간이 동물과 다른 유일한 점은 스스로 자기 존재에 대한 규정을 하고 그 규정대로 살아갈 수 있다는 것이다. 그런데 왜 인간만이 가진 그 특출한 '자기규정의 능력'을 스스로 비하하고 자존을 좀먹는 데 이용한단 말인

가. 이것은 아마도 인간에게 주어진 자유의 어두운 측면이리라.

내가 사는 세상은 내 주관을 가지고 자의로 꾸려나가야 할 것이지, 남이 만들어주거나 타자에 의해 좌지우지되어서는 안 된다. 남이 자신의 인생을 좌지우지한다는 것을 인정하고 스스로 '피해자'임을 자랑으로 삼아서도 안 된다. 그 상처를 계속 긁어대고 괴로워하며, 자학의 깊은 수렁에 빠져 타인에게 참을 수 없는 증오를 쏟아낼 때, 하지만 그에 모종의 해방감이 느껴져 계속 그것을 되풀이하지 않을 수 없을 때, 그럴 때마다 스스로 정남규의 고백을 하고 있지 않은지 되돌아보자.

"사람이 고통에 괴로워하며 죽어가는 모습과 집이 불타오르는 모습에 황홀해지는 기분을 느낀다."

피해의식의 재앙에 빠질 것인지 벗어날 것인지의 선택은 아주 간단한 차이에서 시작된다. 내 앞에 놓인 어떤 문제가 안 풀리고 꼬일 때, 남 탓하는 데에 힘을 쏟으며 피해자로서의 자아상을 굳힐 것인지, 싸움은 싸움대로 하면서도 인생을 긍정하고 자존을 확고히 하며 문제해결 방법을 찾을 것인지의 차이이다. 전자는 수동과 타율의 인생관을 강화하고, 후자는 주체와 자율의 인생관으로 수렴된다. 전자는 점점 더 편협한 흑백논리와 전체주의, 파시즘으로 귀결되고, 후자는 인생의 스펙트럼을 더욱 확대하고 삶을 풍요롭게 만들어 낸다. 정남규의 실존을 따라갈 것인지, 예수와 석가의 실존을 따라갈 것인지는 온전히 당신 몫이다.

참고로 정남규는 사형을 선고 받고 교도소에서 복역 중이던 2009년 "나는 용서받을 수 없다. 용서 받으면 안 된다"며 끊임없이 스스로를 자책했다고 한다. 그러던 11월 22일, 비닐 끈을 만들어 1미터 높이에 설치되어 있던 TV 모니터 거치대에 목을 매어 자살하는 것으로 그 처참한 인생의 짐을 내려놓았다.

자기를 반성하는 사람은 닥치는 일마다 모두 약석(藥石)이 되고, 남을 탓하는 사람은 생각하는 것마다 모두 창과 칼이 되는지라. 한편은 숱한 선의 길을 열고, 한편은 온갖 악의 근원이 되나니. 그 서로의 다름이 하늘과 땅의 사이 같다. —『채근담』

음모, 편집, 망상의 함정

(1) 달 착륙 사기

인간이 달에 갔다는 것을 상징하는 표현인 '인류의 거대한 도약'(닐 암스트롱 발언)은 과연 실제로 있었는가?! 당시 미국은 세계의 패권을 놓고 소련과 다투고 있었다. 그런 상황에서 우주 개발에 계속 뒤처지게 되자 수단과 방법을 가리지 않고 소련보다 먼저 달 착륙을 하여야 했다. 그런데 잇따른 로켓 시험 실패로 막대한 인적·물적 손실이 이어지며 기술적 한계를 드러내 보이자, 사기를 쳐서라도 달에 갔다 온 것처럼 보여야 했다. 당시 미국 정부에서 "만약 달 착륙 우주선을 개발하지 못한다면, 가짜로라도 달 착륙을 만들어라!" 하는 지침을 나사에 전달했다는 얘기는 공공연한 사실이다. 실제로 나사에서 우주선 개발에 참여한 엔지니어 빌 케이싱은 당시 나사는 기술적으로 결코 우주인들을 달에 보낼 수준이 못 되었다고 주장한다. 1969년 이후 50년이 지났고 기술이 비약적으로 발전했는데도 인류가 달 근처에도 가지 못하고 있다는 것이 이를 증거한다.

당시 찍힌 조잡한 달 착륙 영상에는 이러한 사기극의 전모가 그대로 드러나 있다. 달에는 대기 중에 공기나 먼지가 없기 때문에 별빛이 보여야 하는데, 우주인들의 배경에는 칠흑 같은 어둠만이 보인다. 공기가 없는데도 성조기 깃발이 펄럭였다. 달 착륙의 가장 완벽한 증거로 내밀 수 있는, 달에서 가져왔다는 월석 350킬로그램은 흔적도 없이 사라졌다. 없어졌다기보다는 애초에 없었으니 증거물을 내보일 수 없는 것이다. 이 모든 사기극은 미국 네바다 주에 설치된 최고의 보안시설인 51구역에서 만들어졌다. 당시 최고의 영화제작 스태프들이 애국심으로 똘똘 뭉쳐 한 편의 극영화를 찍은 것이다.

고개를 끄덕였을 분들이 있을 듯한데, 여기까지의 이야기는 바로 '아폴로 11호 달 착륙 음모론'으로 떠도는 것을 정리한 것이다.

(2) 음모론자들의 특징

이런 종류의 음모론에 빠진 이들의 특징은, 문제를 객관적으로 살피려는 노력을 하지 않을 뿐만 아니라, 자신에게 주어진 작은 이해에 몰입하고 그 외의 무수한 정보와 가능성을 차단하는 인식의 함정에 빠져 있다는 것이다. 물론 누구나 편향된 정보를 접할 수 있고, 그로 인해 의식의 나침반이 일시적으로 기울 수 있다. 그러나 균형감 있는 사람들은 본능적으로 그 편향성이 조정되거나, 다양한 정보의 수렴을 통해 오류를 수정한다. 하지만 음모론적 사고를 가진 이들은 한번 어떤 문제에 꽂히면 그것에 끝도 없이 침잠하는 특징을 가진다. 침소봉대, 논점 일탈, 아전인수, 우격다짐이 이들의 구호이다.

문제는 음모론에는 근본적으로 세상에 대한 불신과 증오가 바탕에 깔려 있다는 것이다. 어릴 때 학대당한 경험이 있는 이들이 편집증에 빠질 가능성이 높다는 것은 이미 알려진 사실이다. 세상을 신뢰하지 못하니, 사태를 있는 그대로 받아들이지 못하고 자기가 원하는 대로 왜곡한다.

사람의 의식은 어떤 문제에 집중할 때, 그 집중한 것에만 현실성을 부여하는데, 여기서부터 균형이 흔들리기 시작한다. 따라서 주어지는 어떤 정보나 상황, 감정에 무턱대고 몰입할 것이 아니라, 그 문제의 깊은 의미를 해석하기 위해 앞뒤를 살피고, 명제의 외연과 내포를 명철히 분석하며, 가능한 다양한 방법으로 자료를 분석하고 종합해야 한다. 그러지 않으면 상황과 인식의 포로가 되어 휘둘릴 수 있다.

음모론은 편집증과 망상증으로 확장되는데 한국인들은 이에 취약하다. 한국 사회가 OECD 국가 중에 사기범죄율

1위(WHO 2013 통계)를 차지했다는 사실은 편집증, 망상증에 빠지기 쉬운 한국인의 사회적 성격과 관련 있다. 증권사기, 보험 사기, 혼인 사기, 대출 사기, 렌트 사기, 게임 아이템 사기, 중고물품 사기 등등으로 천지가 사기꾼이고, 그러한 사기꾼에게 혹하고 넘어가 전세금, 등록금, 보상금, 노후자금, 자녀결혼자금은 물론, 보험금 해약하고 대출 받아 사기 당하기를 자처한다. 2018년 법무부 범죄백서에 의하면 2016년 사기사건 범죄자가 250,600명에 달하는데, 이는 국민 100명 중 한 명은 사기 범죄의 직접적 피해자임을 말한다. OECD 국가 중 절도보다 사기사건이 많은 유일한 나라이기도 하다. 이는 음모–편집–망상에 잘 휘둘리는 사회적 성격의 결과이다. 그리고 가장 흔하게 우리 주위에서 발생하는 '음모–편집–망상의 문제'는 바로 '정치·사회' 분야에서 발생한다.

(3) 정치·사회 분야 음모론

보수는 말할 것도 없거니와 민주–진보 진영 내에서도 그러한 음모론이 만들어지고 끊임없이 확대 재생산된다. 민주–진보 진영 내에서 자기가 지지하는 정치인을 두둔하고 상대 정치인을 공격하기 위해 아전인수식 짜깁기, 억지, 과장을 넘어서 가짜뉴스까지 모아다가 헐뜯고 비난하는 모습을 흔히 볼 수 있다. 이것은 과거부터 이어진 NL-PD 정파 분열의 최신판쯤으로 보이는데, 이로 인한 극단적 분열과 대립이 민주-진보 진영의 기반을 뿌리째 흔들어대고 있다.

정치 분야뿐만 아니라 시민사회 전반에 이런 증상이 퍼져 있다. 민주를 외치건, 평화를 외치건, 힘없는 약자를 대변하건, 소수자의 인권을 부르짖건 관계없이, 음모론적이고 편집증적인 발상이 광범위하게 퍼져 있는 것이다. 다만 그것이 워낙 보편적인 모습이다 보니 문제로 인식하지 못할 뿐이다. 여기에 앞서 논한 히스테리와 피해의식까지 어우러지면 그 폐해는 극으로 치닫는다. 이것이 현재 우리 시민 사회에서 빚어지는 끝 간 데 없는 갈등의 본질이다.

특히 이러한 병적 심리에 잘 빠지는 이들일수록 자존감이 부족해 남들에게 인정받고자 하는 열망이 강하다. 필연적으로 같은 생각을 가진 이들끼리 무리를 형성해 목소리를 높이고, 타인에게 자신들의 생각을 강요하며, 생각이 다른 이들을 향해 타도의 기치를 높이는 파시즘적 특성을 보인다. 이는 다시 반대 진영 사람들의 저항을 만들어 내고 집단들 간의 갈등과 증오의 악순환을 반복한다.

가뜩이나 이미지가 현실을 압도하는 것이 작금의 세태이

다. 책의 내용보다는 표지 제작에 더 공을 들이는 것처럼, 빚어지고 있는 실질적 문제보다 눈에 보이는 감각적 이미지에 우리 존재가 휩쓸리고 있다. 뿌리와 줄기가 뒤바뀌었다. 언론과 인터넷에 쏟아지는 과잉 정보에 떠밀려 현실의 기반을 잃는다. 숙고해야 할 더 큰 현실의 문제가 산적해 있는데, 자신들의 이익을 대변하는 작은 이야기에만 격하게 반응할 뿐이다. 대의로 포장되어 있기에 그것이 문제가 됨을 추호도 의심하지 않는다. 자신이 원하는 이미지만 소비하면 그뿐이다. 그렇게 소비하는 이미지와 현실의 간극-괴리를 줄일 수 있는 길은 실천적 검증이지만, 이미 정신은 균형을 잃은 지 오래다. 스마트폰 자판 두드려 자신이 보고 싶은 것만 취합하고 다시 그것을 배설하는 반복으로 스스로를 인식의 극단으로 몰아넣는다. 정보통신 사회는 그렇게 보고자 하는 것만 보는 우리의 편집증을 부추기고 있다. 현실은 그렇게 과잉된 이미지에 전복된다.

(4) 편집증적 인식의 함정

구체적인 자료와 증거, 논리에 의한 것이 아닌, 자기가 보고 싶은 것에 의존하는 편집증적 인식은 필연적으로 자신을 인식의 함정으로 몰아넣는다. 여러 분야에서 이처럼 균형이 안 잡힌 이들이 자신을 마치 객관적인 사람인 것처럼 포장하는 교묘한 감성적 수법을 동원해 사람들을 쥐락펴락한다. 그에 빨려드는 사람들 역시 본인들이 객관적으로 문제를 살필 수 있는 사람이라는 자부심이 강한 이들이기에 당혹스러움은 더해진다. '편집증적 인식의 함정'은 그 어떤 외부의 적들보다 더욱 맞서 싸우기 힘든 내면의 적이라고 할 수 있다.

음모론과 편집증에 빠진 것으로밖에 보이지 않는 이들이 "나만은 제정신을 가지고 있다"고 자부한다. 그만큼 침투력이 광범위하고 교묘하다. 따라서 독자들은 이 문제를 아주 냉정하고 객관적으로 조망하고 있는 듯 말하는 필자가 지금 망상적 헛소리를 쓰고 있지 않는지도 살펴야 한다. 필자는 스스로 건강한 정신을 가졌다고 자부해서 이런 책을 쓰고 있지만, 전혀 그렇지 않을 수도 있기 때문이다. 하지만 그렇더라도 이미 책장이 많이 구겨져 있으므로 환불은 불가함을 밝힌다. ㅠㅜ

(5) 왜 기술이 발달했는데 달에 다시 못 갔는가

그래도 여전히 "아니 그럼 반세기 전에도 달에 갔다 왔는데, 기술이 더 발달한 지금은 왜 못 가냐?"며 반박하는 분들이 있을 듯하다. 하지만 그건 질문 자체가 잘못되었다. 기술의 문제가 아니라 예산의 문제이다.

1960년대 후반 미국은 소련과의 자존심 경쟁을 위해 우주계획에 막대한 예산을 들였다. 국가 예산의 6퍼센트를 들여서 아폴로 계획을 실행했다. 소련보다 먼저 달에 성조기 하나 꽂기 위해서 말이다. 이 때문에 미국 내에서도 비판이 많았다. 아무 실익 없는, 오직 애국심 고조를 위한 TV 쇼 때문에 그렇게 막대한 예산을 쏟아붓는가 하고 말이다.

그 직후 베트남전쟁이 터져 엄청난 국가 재정이 군수물자에 투입되고, 나사 예산은 6분의 1 수준으로 삭감되었다. 더군다나 1970년대부터 미국은 만성적인 재정적자에 시달렸다. 이에 따라 '실용적인 우주계획'으로 나사의 정책이 바뀌었다. 사람이 직접 달에 가서 깃발 꽂는 쇼는 이제 더 이상 약발도 안 먹히고 미국의 재정적자만 늘릴 뿐이기 때문이다. 내가 미국 대통령이라도 2백조 들여 다시 우주 쇼를 하기보다는, 그 돈으로 올림픽을 열 몇 번 치르는 것이 낫다고 생각할 것이다.

더불어 인간의 달 착륙은 1969년부터 1972년까지 아폴로 11호 이후로, 12, 14, 15, 16, 17호까지 총 여섯 번 이루어졌고 모두 열두 명의 우주인이 달을 밟았다. 따라서 백 번 양보해 아폴로 11호 달 착륙이 사기라 하더라도 이후 다섯 번의 달 착륙마저 사기로 몰아가는 것은 편집증의 심각성만을 드러낼 뿐이다. 처음에 얘기한 '달 착륙 음모론' 주장들도 '달 착륙 조작설 반박'이라는 검색어를 입력해 자료를 찾아 읽어 보면 얼마나 허망한 주장들이었는지 알 수 있다. 한쪽 얘기만 듣고 판단의 균형을 잃다 보니 음모론에 혹한 것이다. 자신이 원하는 답을 줄 수 있는 질문에만 매몰될 때 다른 가능성은 보이지 않는다. 자신이 즐겨찾기 해 놓은 인터넷 사이트만 맹신하면 안 된다.

과학적이고 객관적인 증거가 무수히 널려 있는데도 자신들이 보고 싶은 작은 것에 집착해서 아직까지 '달 착륙 음모론'에서 벗어나지 못하고 있는 이들이 실제로 많은 현실이다. 하물며 과학적으로 검증할 수 없는 신념의 분야, 즉 종교, 정치, 사회 분야에서의 음모론, 망상증, 편집증이 광범위하게 퍼져 있음은 말할 나위 없다. 그리고 그런 신념은 한국인의 기질과 맞물려 극단화할 위험성에 항상 노출되어 있다.

한발 물러난 결과 세상이 넓게 보이고, 자세를 낮추니 사람들이 우러러보며, 적인 줄 알았던 이가 나의 어두운 삶을 비춰줄 큰 스승이 되어 나타나기도 하는 것이 세상의 묘한 이치이다. 인식의 함정에만 빠져 있지 않다면 이런 삶의 풍요를 누릴 수 있다. 익숙한 이해와 신념을 강화하는 것에만 눈을 두지 않고, 자신이 보고 싶은 것과 다른 것을 애써 찾아보는 수고야말로 음모론–편집증에 빠지지 않는 최고의 예방접종이다.

그렇게 자신에게 익숙한 앎에 저항하고 미지의 이해를 향해 내딛는 그 한 발이 바로 '인류의 거대한 도약'이다.

자기 정신을 단련하려는 인간이 무엇보다 먼저 회피해야 할 것은 사물을 자명한 것으로 받아들이는 것과 편애하는 것이다.

— 게오르크 지멜 (1858~1918, 독일의 사회학자)

'증오'로는 안 된다

앞서 말한 히스테리, 피해의식, 음모–편집증적 사고방식의 바탕에는 자기 자신과 세상에 대한 불신과 증오가 깔려 있다. 이를 극복하기 위한 가장 현명한 방법이 '사랑'임은 두말할 나위가 없다. (갑자기 "도를 아십니까?" 식으로 이야기가 바뀌는 것에 충격을 받는 독자들도 있으리라. 하지만 거듭 얘기하건대, 환불하기에는 너무 늦었다. 쿠궁!)

사랑은 역설적이게도 '싸움을 잘하는 힘'을 제공한다. 주먹이 단단하고 투쟁의지에 불타고 있다고 권투를 잘하는 것이 아니라, 몸과 마음이 유연해야 잘할 수 있는 원리와 같다. 사랑은 불신과 증오로 상처받고 굳어버려 안으로 오그라든 정신을 해방시키고, 존재의 촉수를 외부로 뻗어 자아가 성장하게 만든다.

'세상에 대한 증오와 불신으로 시작한 사회활동'과 '세상에 대한 깊은 관심과 사랑으로 시작한 사회활동'은 언뜻 드러나는 활동은 같아 보인다. 하지만 시간과 관계가 더해질수록, 전자는 그 자신은 물론 그가 속한 조직을 철저히 파괴하고, 후자는 절망의 잔해 위에 희망을 세운다. 부조리에 맞서고, 힘 있는 자와 가진 자들의 야만에 분노하고 저항하더라도, 그 밑에는 증오가 아닌 사랑의 마음이 깔려 있어야 하는 이유이다. 증오는 기껏해야 자기를 비롯한 주변 사람들을 파괴할 힘밖에 없지만, 사랑은 상대를 감싸 안고 스스로 변화할 힘을 제공하기에 더더욱 그러하다.

안타깝게도 분노와 증오는 파괴력이 있고 단기적인 효과를 볼 수 있다. 이 때문에 즉흥적 감각과 감성 자극에 잘 반응하는 이들이 선호하는 방법이다. 그 사례는 차고 넘친다. 입장이 다른 사람들에 대해 불만을 끊임없이 쏟아내고, 단순한 갈등 관계에 있는 상대에게조차 인간적 모멸이나 도덕적 단죄의 표현을 내뱉는 것이 습관화된 이들. 과도한 일반화와 합리화를 통해 아전인수 식으로 문제를 해석하는 것이 습관이 된 이들. 자신의 과거 아픈 상처를 상대에게 투사하는 사람들. 자신의 주장과 이상을 지극히 미묘하고 집요한 방법으로 남들에게 강요하는 이들이 주로 그런 부류이다.

이들은 일상은 물론, 시민사회, 정치, 언론 등 각 분야마다 포진해 있는데, 사람들이 서로 싸우고 분열하게 만드는 역할을 한다. 그들이 만들어 낸 증오는 주변을 계속 잠식해 들어가고 그렇게 만들어진 증오는 다시 증오를 먹이로 삼으며 끝없이 퍼져나간다. 증오의 잠식력은 막강해 심지어 그 증오에 맞서 싸우던 이들이 휩쓸려 증오의 생산자로 전락하는 경우도 허다하다. 농지를 초토화하는 메뚜기 떼처럼 증오는 모든 생명의 싹까지 갉아먹는 역할을 한다.

문제는 이렇게 증오에 잠식된 이들은 보통 사람들 눈에

잘 안 보이거나, 때로는 보통 사람들에게 적극적인 지지를 받기도 한다는 것이다. 정치인들이 자신들의 이미지를 세탁하기 위해 복지시설에 라면 박스 들고 가듯, 사회부조리를 끊임없이 성토하고 '정의의 기치'를 높이며 자신들의 본성을 탈색하기 때문이다. 그럴싸한 쇼맨십이, 내면에 잠재한 뿌리 깊은 증오를 은폐하는 것이다. 본성을 드러내기 전까지는 사람들에게 병적인 친절함을 보이는 이들도 있다. 그렇게 인간관계가 형성된 다음에 주변에 갈질을 하기 시작하면 조직은 사분오열된다.

이 때문에 묵자는 '겸애'의 깊은 사상을 거론하며 이렇게 말했다. "사람을 사랑하는 일에 자기 자신이 배제되는 것이 아니며, 자기 또한 사랑하는 대상 가운데에 포함된다. 자신을 사랑하는 것과 함께 나란히 있는 것이 곧 사람을 사랑하는 것이다." 세상을 위해 일하려거든 사랑이 그 일의 기반이 되어야 하고, 그 사랑은 자기 자신으로부터 시작되어야 한다는 말이다. 그렇지 못한 활동은 그 자체가 위선이고 결과적으로 세상에 부작용을 미친다. 묵자는 이것을 경고했던 것이다.

또한 『법구경』에도 다음과 같은 이야기가 전해진다.

"'그는 나를 모욕하고, 때리고, 나의 것을 훔쳤다.' 이런

식으로 생각하면 미움은 결코 끝나지 않는다. 그 생각을 놓아버려야 당신의 미움은 끝이 난다. 증오는 증오로 무너뜨릴 수 없다. 증오는 사랑에 의해 무너진다. 이것은 변치 않는 영원한 진리이다."

물론 증오하지 말라고 해서 증오가 끝나는 것도 아니고, 맹목적인 사랑으로 만사가 해결되지는 않는다. 그 사랑에 '유아적 자기만족'과 '감상적 이상주의', '퇴행적 합일주의'가 똬리를 틀고 있는 경우가 흔하기 때문이다. 사랑이 자기발전과 사회진보를 동시에 추동할 힘으로 이어지기까지는 수없는 자기 성장의 과정을 거쳐야 한다.

그러면 어떻게 우리는 그 많은 함정과 증오를 벗어나 올바른 사랑의 단계를 밟아 나갈 수 있을까? 거기에는 무엇보다도 '이해'가 따라야 한다.

당신이 상추를 심었는데 잘 자라지 않는다고 해 보세요. 그때 우리는 거름을 주지 않아서 그런지, 물이 모자란 건지, 햇빛이 부족한지 생각하지요. 결코 상추를 비난하지는 않지요. 하지만 우리는 가족, 친구와 문제가 생기면 상대방을 비난합니다. 상추를 돌보듯 그들을 돌보는 법을 안다면, 그들과의 문제도 해결될 것입니다. 비난은 결코 긍정적 결과를 가져오지 않습니다. 이유를 대면서 설득하려 하고 언쟁을 벌이는 것도 마찬가지입니다. 당신이 이해한다면, 사랑할 수 있고 상황도 좋아질 것입니다. — 틱낫한 (1926~, 베트남 출신 승려)

이해하면 변화가 일어난다

(1) 살인욕

인간에게는 선천적으로 파괴 본능이 있고 그 가장 극악한 행태가 바로 살인욕이다. 이에 따라 인류의 일부는 살인 충동을 수시로 느끼고 있고, 이를 참지 못하는 극히 소수가 그 충동을 실현한다. 이런 이들의 사례를 보면 마치 마약 중독자처럼 정기적으로 사람을 죽이지 못하면 견딜 수 없는 불안 증세를 보인다.

반사회적 본능, 스스로에게도 좋지 않은 살인 본능이 왜 인간의 내면에 주입되었는지에 대해서는 아직 충분히 의문이 풀리지 않은 상황이다. 여러 가능성 중, 생존의 필요 때문이라는 설이 우세하다. 많은 문화인류학자들은 인간에게 이런 본능이 없었으면 아마 인류는 진즉에 멸종했을 것이라는 아이러니한 가설을 내놓는다. 과거부터 동물을 사냥해 영양을 섭취하거나 스스로를 보호하기 위해 상대를 죽여야 하는 약육강식의 누적된 경험이 인간 내면의 살인 본능으로 자리 잡았다는 것이다.

그러면 왜 '일부 특정인들'에게서만 그러한 살인 본능이 표출되는 것일까? 그것을 이해하기 위해서는 시야를 넓혀 인류 전체를 하나의 생명체로 봐야 한다. 자연은 끊임없이 더 건강한 종을 만들어 내기 위해 다양한 '확률 실험'을 하고 있고 우리는 그러한 실험의 일부분이다. 강철의 강도 실험을 위해 탄소 함유량이 적은 것에서부터 높은 것에 이르기까지 배열해 놓고 망치로 때려 그중에 강한 것이 선별되어 이후 강철 생산의 표준이 된다. 마찬가지로 우리는 자연선택이라는 실험실에서 스펙트럼의 이쪽 극단에서 저쪽 극단 사이의 어느 한 지점에 각자의 기질과 성향을 가지고 위치하게 된다. 살인 본능을 타고난 사람이든 천사 같은 본능을 가진 사람이든 그것은 우연과 필연의 요소가 복합적으로 맞물린 '자연 실험'의 결과라는 것이다.

이런 생각은 우리 인간이 무기력하고 수동적인 존재라는 것을 강조하려는 것도 아니고, 살인죄를 면해 주려는 의도도 아니다. 인간은 스스로의 의지에 의해 자신의 한계를 극복해야 하는 존재이다. 따라서 '본능'을 이유로 모든 행위가 용납될 수 없다는 것은 길게 말할 필요도 없다. 다만 우리가 '사회적 존재'로서 살인하지 않는 도덕성을 갖고 살아야 하는 당위가 있는 것과는 별도로, '생물학적 존재'로서 자연의 실험실에서 '흰쥐'로도 이용되고 있음도 살펴야 한다는 것이다.

(2) 성욕과 성폭력

이러한 자연 실험에 인간의 '성(性)'도 포함되어 있다. 자연은 인간의 성이 어떤 모습을 하고 있을 때 생존에 유리한지 끊임없이 실험하고 있다. 그 와중에 누구는 이성을 사랑하게 하지만 누구는 동성을 사랑하게 하고, 누구는 양성을 사랑하지만 누구는 아무도 사랑하지 않게 한다. 누구는 아주 통속적으로 사랑하지만 누구는 실험적(?) 방법으로 사랑하게 만든다. 자연은 성의 대상과 형식에 관해 스펙트럼 상의 이쪽 끝부터 저쪽 끝까지 각각의 지점에 사람을 배치시켜 놓고 어떤 것이 진화에 유리한지 살피고 있다. 같은 성기가 두 개 붙어 있거나, 양쪽 성기가 붙어 있거나, 둘 다 퇴화했거나 하는 것도 내내 그 실험의 과정이다. 여기서 문제로 삼고자 하는 것은 바로 '폭력적 성'이다.

'폭력적 성'을 학문적으로 정의하고 분석하는 것은 필자의 능력을 넘어서는 문제이니 접어 두기로 하자. 대신 잡다한 생물학 관련 연구와 범죄 프로파일을 참조해 지극히 단순하게 성폭력 가해자의 성욕 특성을 몇 가지 사례로 들자면 다음과 같다.

첫째는 권력욕이 성욕과 연동되는 경우이다. 이는 보편적인 성폭력의 사례인데, 권력을 쥐면 자기 성욕을 절제하지 못하는 부류의 사례이다. 자기의 우월한 지위를 이용해서 여성들을 착취하는 이들이 대표적이다. 이는 한편으로 원숭이 때부터 힘이 센 우두머리가 무리를 거느리며 자손을 퍼뜨렸을 때 전체 종의 생존이 유리해 본능에 누적된 진화의 메커니즘을 아직 탈피하지 못한 동물성의 연장일 수도 있다.

둘째는 소외와 상실감이 성욕을 자극하는 경우이다. 이 경우는 사회적으로 낙인을 받게 되면 자기 성욕을 절제하지 못하는 경우이다. 주변으로부터 '모지리' 취급을 받아 집단으로부터 배척되고 홀로 고독사 할 상황에서 성욕을 감당하지 못하는 이들이 종종 있다. 외톨이 사회 부적응자가 아동을 유괴해 벌이는 성폭력 사건들이 그 경우로서, 첫째 경우와 구분이 된다. 물론 이 둘째의 경우도 대부분 힘 있는 남성이 어린이 등 상대적 약자를 유괴해 벌인 일이니 권력의 문제 아니냐고 주장할 수 있고, 물론 그 말도 일리가 있다. 하지만 성욕이 자극된 시발점이 다르다는 점에서 첫째와 구분할 필요가 있다.

셋째는 공포와 생존 본능이 성욕을 발생시키는 경우이다. 이는 잔악한 군인들이 전쟁터에서 부녀자를 겁탈하는 모습으로 드러난다. 2018년 광주 5·18 진상 보고서에 따르면 당시 광주 살육의 현장에서도 성폭력 사건들이 여러 건 있었다고 한다. 그러한 살육 현장에서 어떻게 성폭력이 발생할 수 있는지 도무지 이해가 안 될 수 있지만, 극도의 공포와 생존 본능이 발동되는 상황에서 자기 흔적(자식)을 남기고자 하는 본능이 부추겨지고 그것이 성욕으로 발할 수도 있다. 우리는 당시 현장에 투입되었던 특전사 대원들이 곤봉을 휘두르며 민간인을 군홧발로 짓이기는 모습을 영상으로 봤기에 "어찌 저것이 공포를 느낀 이들의 모습이냐?" 하고 반문할 수 있겠다. 하지만 군 지휘부에서는 당시 투입된 특전사 대원들에게는 "중무장한 북한특수부대가 침입했다"며 위기감을 심어줬고, 그들의 긴장을 누그러뜨리기 위해 술을 먹였다. 이들이 극도의 공포, 흥분 상태에 있었음은 작전에 참여했던 당사자들이 증언하고 있다. 또한 군 생활을 해 본 사람은 알겠지만, 영내를 벗어나지 못하고 막사에 갇힌 생활 자체가 성욕을 비정상적으로 증가시킨다. 그러한 누적된 욕망이 생존 본능과 맞닿은 상황에 폭력적 살육과 성폭행으로 터져 나왔을 수 있다. 인간에게는 삶과 죽음의 경계가 기묘하게 중첩되는 지점이 있는 것이다. 물론 이 역시 힘 있는 군인이 힘없는 여성을 대상으로 벌인 사건이니 권력의 문제로 환원할 수도 있겠지만, 성욕이 공포와 생존 본능으로 촉발되었다는 점에서 범주를 나누어 이해할 필요가 있다.

'성욕', '성폭력'의 문제는 획일적인 척도로 이해될 수 없다. 전혀 생각하지도 못한 사람과 상황 속에서 사건이 터져 나올 수 있으며, 이렇게 범주를 나누어 보아야만 그에 맞는 대처를 할 수 있다. 범주의 차이를 무시한 채, 단순한 응징주의로는 문제를 결코 해결할 수 없다는 것이다.

(3) 응징주의의 함정

"성폭력은 남녀 권력의 문제 때문에 발생한다"는 주장은 보편적으로 타당하다. 하지만 그 말 속에는 사회관계 속에서 만들어지는 권력관계만 조정하면 그 부조리한 폭력이

해결될 수 있다는 '평등의 당위성'이 내재해 있다. 일단 이러한 도식이 완성되면, 모든 종류의 성폭력에 대한 '응징주의'에 힘이 실리게 된다.

하지만 문제가 그렇게 단순하지 않다. 앞서 살펴본 바 '소외됨의 성폭력', '공포의 성폭력'은 권력관계가 자극하는 성폭력이라기보다는 특수한 상황, 극단적 상황이 인간의 근원적 본능을 자극해서 빚어내는 사건이기 때문이다. 이러한 실험실 속의 흰쥐들이 만들어 낸 사건들은 단순한 응징으로 해결되지 않는다.

"단순한 응징으로 해결되지 않는다"는 말은 그러한 응징을 하면 안 된다는 말이 아니다. 죄에 대한 응징은 당연하고 불가피하다. 다만 단순한 응징만으로 해결되지 않는 문제가 있다는 것을 직시하고 새로운 방법도 찾아야 한다는 것이다. 하루살이가 계절의 변화를 모르듯 우리는 자연의 도박 앞에 자신의 입지조차 확인하고 있지 못한 존재들이다. 문제가 단순하지 않고 예상하기 힘든 복잡한 변수가 맞물려 있음을 알아야 문제의 근본을 해결할 수 있다는 것이다.

비근한 예로 극악한 범죄를 저지른 사람들을 사형에 처한다고 해서 범죄율이 줄어드는 것이 아님은 이미 밝혀진 사실이다. 세계 각국에서 사형 제도를 없애는 이유는, 사형제 자체가 반윤리적이기 때문이기도 하지만, 사형으로 범죄율이 줄어들지 않기 때문이기도 하다.

과거에는 누군가 잘못하면 '범죄 응징론'으로 엄벌에 처하는 방식을 취했다. 그럼에도 재범률이 늘어나는 것이다. 하여 심리학자들과 문화인류학자, 범죄문제 전문가들이 모여서 다른 길을 찾기 시작했다. 범죄를 저지른 개개인의 정신위생을 고려하는 '개인 치료론'이 대두되었다. 개인의 정신을 분석해 들어가 보면 범죄를 저지를 수밖에 없었던 환경과 상처를 발견할 수 있었고, 그것을 응징하는 것보다는 치료해 주는 것에 초점이 맞춰졌다. 선진국의 교정당국은 이 원리를 1970년대부터 교도소에 적용하기 시작했다. 수감자들의 처우를 대폭 향상시켰고, 심리상담 등의 치료도 병행하며 자존감을 향상시킬 방법을 모색했다.

한국의 교도소 수감자들에게 제공되는 식사는 한 끼 1,400원 남짓, 그야말로 입에 풀칠할 수준이다. 그 밖의 처우 역시 형편없다. 이에 비해, 선진국들의 교도소는 한 끼 4,000원이 넘는 식사와 한국에 비하면 호텔 같은 교도소 생활을 제공한다. 개인 TV, 노트북, 휴대전화를 허용하는 곳도 있고, 승마, 낚시, 스키도 즐길 수 있게 편의시설을 제공하며, 자유로운 이동이 가능한 개방형 교도소를 운영하는 나라가 여러 곳 있다. 수감자의 상처를 이해하고 다독이며 자존감을 높여준 결과 재범률이 뚜렷이 줄어들었기 때문이다. 이를 임파워먼트(권리강화)라 한다. 재소자들의 권리감을 박탈하고, 치욕을 주며, 자아에 상처를 내서 출소시키는 한국의 교도소와는 다른 모습을 하고 있다.

한국 교도소는 심지어 점심 먹고 피로가 밀려와 잠깐 낮잠을 자려고 해도 교도관들이 위협한다. 내 경험을 떠올려보자. 2013년, 벌금 낼 돈이 아까워 제주 교도소에 잠깐 수감되었는데, 난방도 안 되는 딱딱한 바닥에 엉덩이가 짓눌려 잠깐 누워 있으려 하면, 젊은 교도관이 문을 따고 신발을 신은 채 방으로 마구 들어와 "172번, 세월 좋네!" 하고 콧방귀를 뀌며 모욕감을 주었다. 머리 아프다고 두통약 좀 달라고 하면, 의료과 데려가기 귀찮은지 "여기는 사회가 아니다. 그런 사소한 몸의 이상까지 일일이 보살펴 줄 수 없다"며 외면했다가, 나중에 문제가 될 것 같으니 두세 시간이나 지난 후에야 의료과에 데려갔다.

이후 수감되었던 대구 구치소와 군산 교도소는 그보다는 형편이 나았지만, 교도관들 상당수의 마인드가 대략 그런 수준이다. 교도소를 오직 '징벌 기관'의 개념으로만 이해하는 것이다. 일제시대 때부터 형무소를 운영해 오던 구태가 아직 안 바뀐 것이다. 하기야 국민들 일반이 '범죄에 대한 응징주의'의 수준을 넘어서지 못한 터이니 교정당국이라고 어찌하랴.

외국의 선진 교정당국은 재범률을 떨어뜨리기 위해 개인 치료, 처우 개선의 단계를 넘어 '사회 구조적 접근'의 노력을 기울인다. 지역사회 복귀, 취업 주선 등으로 이어지는 프로그램 덕분에 재범률은 눈에 띄게 떨어졌다. 범죄자들은 가혹한 응징보다 누군가로부터 존중받고 이해를 받았다고 느낄 때 바뀌었다. 주변과의 단절감을 극복하고 지역사회와 교류 기회가 늘어날 때, 재범률은 줄어들었다. 사랑은 범죄에서 손을 떼게 하는 가장 큰 동인이었다. 물론 한국의 교정당국에서도 이러한 외국의 사례들을 흉내 내고 있기는 하다. 가석방 제도와 보호관찰 등으로 국민 세금을 들이는 이유는 그 때문이다. 하지만 나는 벌금을 몸으로 때우기 위해 교도소에 들어갈 때마다, 아직 갈 길이 먼 현실을 피부로 실감하게 된다.

자, 다시 성폭력범의 문제로 돌아와 보자. 언뜻 생각하기에 성폭력범에게 공개적인 모욕을 주고 '인간 말종' 취급하며 교도소에 보내면 그걸로 모든 문제가 해결될 것 같다.

하지만 현실은 전혀 그렇지 않다. 문제 발생 원인과 해결에 대한 좀 더 거시적인 이해가 반드시 필요하다. 현재 한국 교도소 수감자의 15퍼센트가 성폭력범인데, 이 비율이 줄어들 기미가 보이지 않는 현실을 직시해야 한다.

(4) 내가 만난 성폭력범

2015년 박근혜 정부 규탄 전단지 뿌리다가 '대통령 명예훼손'이라는 황당한 혐의로 대구까지 끌려가 구치소 생활을 하고 있었다. 내가 하루 종일 하는 것이라고는 밥 먹고 나서 화장실 벽을 숟가락으로 파는 것이었다. 〈빠삐용〉이나 〈쇼생크 탈출〉에서 본, 자유를 향한 위대한 열망을 실현해 보고 싶어서였다. 하지만 일주일 동안 교도관의 눈을 피해 플라스틱 숟가락으로 화장실 벽면을 긁었으나 페인트만 살짝 벗겨진 것을 확인하고는 탈옥 시도를 포기했다. 그렇게 시간을 죽이며 수감 생활을 하던 중 수감자 한 분이 땅이 꺼질 듯 한숨을 내쉬며 자문을 구해오는 것이었다.

"정말 앞으로 교도소 생활 어떻게 해야 한데요?"

몇 년이나 살아야 하냐고 물으니 7년 살아야 한단다. 성폭행 범죄란다. 그의 푸념의 요지는 이런 것이다. 밤에 자리 깔고 누우면 어깨가 서로 부딪칠 정도로 비좁은 공간에

예닐곱 명의 사람들이 함께 생활하면서, 반찬 양 배분하는 것 가지고 싸우고, 화장실 때문에 싸우고, 물품 많이 쓴다고 싸우고, 영치금도 없으면서 먹기만 한다고 구박받아야 하는 생활을 어떻게 견디냐는 것이다. 한 방에 한 명씩 '군기' 잡으라고 배정되는 조폭에게 기가 죽어 눈치나 보면서 추위와 더위를 버티며 일 년 365일 내내 비좁은 감방 안에서 지내야 하는 생활을 어떻게 견뎌야 하냐는 물음이었다. 저지른 죄에 대한 참회와 반성보다는 자신의 처지에 대한 고민만이 머릿속에 가득 차 있었다. 이런 재소자가 수감 생활을 통해 재활·갱생의 의지를 불태워 인간성을 회복하고 사회에 제대로 복귀할 수 있을까.

교도소를 가보지 않은 이들은, 죄 지은 사람 교도소 보내 반성하게 하면 새사람 되어 나오는 줄 안다. 범죄자들을 사회로부터 격리시키는 '구속' 결정이 내려지면 그간 시달린 문제를 일단락하고 상대를 응징했다는 안도감과 일종의 통쾌감을 느낀다. "드디어 정의가 세워졌구나! 교도소 가서 정신 차려라!" 하고 말이다. 그것은 안타깝게도 피해자의 희망일 따름이다. 가해자인 수감자의 입장에서는 교도소 들어가면서 더더욱 심한 정신적 피폐를 겪고 잠재적 범죄가능성을 오히려 높이게 된다. 교도소는 어둠에 잠식된 이들이 한자리에 모여 그 어두움을 나누는 공간이기 때문이다.

가뜩이나 그러한 이들일수록 주변에 돌봐줄 사람이 없어 옥바라지는커녕 영치금도 들어올 일이 없다. 1,400원짜리 밥을 먹고 난 후 허기가 진 상태가 이어지고 이 허기가 울화로 번져 사소한 문제에도 다툼이 일어난다. 김치 한 조각, 밥 한 숟가락 때문에 수시로 싸움이 일어난다. 그렇게 갈등을 빚어 원수가 된 사람들과도 비좁은 공간에서 살을 부비며 잠을 청해야 한다. 1인당 할당된 의료비는 일 년에 36만 원 정도, 불치병 걸려 치료도 못 받고 쓸쓸히 감방에서 죽어간 이들이 부지기수다. 마음은 더욱 닫히고, 열등과 상실, 히스테리, 피해의식이 심화된다. 지금의 대한민국 교도소가 재활·갱생의 기능을 하지 못한다는 말은 현직 교도관들이 하는 말이다. 이처럼 인간의 존엄이 짓밟히는 극도의 소외와 상실의 장에서, 나에게 자문을 구하던 그 남성은 수감기간 내내 자기 처신에만 몰입하고 인격은 뒤틀리게 될 것이다. 더더욱 편협하고 조잡한 자아상과 기괴한 성욕만 키워 출소하게 될 것은 뻔한 일이다.

(5) 이해가 필요하다

성폭력에 관대하자는 것도 아니고, 성폭력범을 동정하

는 얘기도 아니다. 범죄자를 처벌하는 것과 현실을 이해하는 것은 전혀 다른 문제이다. 특히 사회의 구조적 약자인 여성의 성을 유린하고 착취하는 성폭력범에 대한 처벌은 강화해야 한다. 하지만 그들에 대한 이해를 바탕으로 재활·갱생시켜 지역사회로 돌려보낼 수 있는 기회를 늘려야 한다. 이것이 어쩌면 피해자를 위한 가장 현명한 보호 대책이다.

다행히 10년 전부터 성폭력 사범을 대상으로 사회복귀를 돕기 위해 여러 곳의 교도소에서 성폭력범에 대한 심리치료센터를 운영하고 있다. 가석방자들을 대상으로 보호관찰 교육도 벌이고 있다. 세금과 인력의 투입에 힘입어 지난 10년 동안 성폭행 재범률이 급격히 떨어졌다. 하지만 한 해 3만 건이 넘는 성폭력 범죄와 재범률을 더욱 줄이기 위해 더 큰 이해와 관심이 필요한 상황이다.

하지만 여전히 한국 사회에서는 범죄자를 이해하려고 하면 두둔하는 자로 매도당하기 십상이다. 선악의 이분법이 다양한 논의를 막는 사회이기 때문이다. 냉정하게 판단해야 한다. 그 작은 실마리와 리듬을 놓친 결과는 나비효과로 전체 사회에 부정적 파동을 일으킬 수 있다.

(6) '태극기 노인'들의 상실감과 분노

상황과 사람에 대한 이해가 부족한 경우에 비판과 응징만으로는 문제를 해결하기 어렵다는 것은 모든 분야에서 마찬가지이다. 소위 '태극기 노인'들에 대한 시각과 반응도 뚜렷한 사례 중 하나이다.

많은 노인들이 태극기를 흔들며 젊은 세대에 대한 극렬한 구호를 쏟아낼 때, 그것을 보는 젊은 혈기는 끓어오른다. 물론 기득권을 챙기기 위해 극단을 조장하는 이권단체와 그러한 극렬함을 부추겨 입지를 구축하는 구태 정치인들과는 맞서 싸워야 한다. 하지만 순수한 열정으로 태극기를 챙겨 들고 집회에 나서는 보통의 노인들이 의외로 많다. 왜 그들이 그 자리에 나서게 되었는지, 그들의 상실감과 분노를 살필 필요가 있다.

한국이 세계 최고 수준의 노인 소외국이라는 것은 앞서 언급했다. 자식들에게 버림받고, 동료들이 자살로 생을 마감하는 실상을 지켜봐야만 하는 처참한 현실에 많은 노인들이 처해 있다. 여기에 손자·손녀뻘 되는 이들에게 '꼰대'로 도매금 취급받아 존재의 무력을 느끼는 것이 우리 사회 최취약계층 노인들이 겪는 비참한 현실이다. 이런 터에 자기 얘기를 들어주고, 목소리를 높일 수 있으며, 평생의 노고를 위로 받을 수 있는 곳이 '태극기 집회장'이다. 그들에게 그곳은 숨을 쉴 수 있는 공간인 것이다. 자식세대에게 괄시만 받아오며 쌓아 놓았던 한을 풀 수 있는 곳이 그곳이다.

그들의 목소리를 듣는 젊은이들은 발끈한 심정이 밀려온다. 하지만 단순한 배척과 공격적 반응만으로는 문제의 근본을 해결할 수 없는 복잡함이 있다. 여기에는 노인복지와 사회안전망, 세대 간의 부의 배분 문제가 복잡하게 얽혀 있기 때문이다. 보수의 헤게모니를 강화한다고 무조건 폄하하지만 말고, 〈국제시장〉 같은 영화도 보면서 노인들이 무슨 생각을 하고 어떤 정서를 가지고 있는지도 살펴야 한다. 그것은 노인들을 알아가는 길인 동시에, 힘없는 노인들을 동원하고 이용해 먹는 극우 단체와 구태 정치인들의 수작에 제동을 걸 수 있는 '이해의 단서'를 찾을 수 있는 길이기 때문이다.

(7) 개사료, 개똥을 뿌려도

나처럼 대검찰청, 법원, 경찰청 등의 국가기관에 개사료, 개똥이나 뿌리고 다니던 인간이 '응징이 아닌 사랑과 이해'를 찾는 모습에 "너나 잘 하세요"라는 영화 대사를 던지고 싶은 독자가 있을 듯하다. 물론 나는 그런 소리를 들을 만도 하다. 하지만 나는 단순히 분노를 참지 못해서 응징한답시고 그러한 활동을 하고 다녔던 것이 아니다. 그것은 철저히 '계산'된 활동들이다.

그래서 국가기관에 개사료, 개똥을 뿌린 후에는 꼭 청소를 했고, 관계자들에게 "본의 아니게 이런 활동을 할 수밖에 없음"을 설명하며 사과하고 양해를 부탁했다. 심지어 데모 현장에서 머리빡 터지게 싸웠던 경찰들한테도 편지를 보내 이해를 부탁한 적도 여러 번이다. 그런 편지에 여러 차례 답장도 받았다. 투쟁 현장에서 말로 하기가 겸연쩍어 쪽지를 써서 건넨 적도 있었다. 그 경찰들이 '데모꾼'인 내 모습을 다시 보고 투쟁 현장의 의미를 새롭게 이해할 기회를 주기 위함이었다. 아니나 다를까, 다음에 만날 때에는 나를 대하는 태도가 달라진다.

나는 저들이 무턱대고 나를 짓밟을 때에만 핏발 세우며 싸울 뿐이지, 눈동자의 미세한 떨림이라도 보이면 그 틈을 슬며시 파고들어 설득하고 이해시키기 위해 온 힘을 다한다. 조금이라도 바뀔 수 있다면 그들의 발바닥이라도 핥아야 한다는 것이 내 모토이다. 진압을 준비하는 경찰병력 앞에 엎드려 눈물 흘리며 호소했던 것도 그 때문이다.

내가 비판하는 대상에 대한 배려와 사랑, 이해를 가져야 한다고 나는 생각한다. 심지어 박근혜와 이명박에 대해서 마저도 말이다. 죄에 대한 벌은 당연히 가하되, 그들을 깊이 들여다보려는 이해심이 있어야 한다. 맹목적인 분노와 응징은 나 자신의 피해의식과 편집증을 강화하고 내 속의 증오만 키울 따름이다. 물론 이런 말을 할 때마다 '응징주의자'들로부터 "적과 타협하는 거냐?"는 힐난과 함께 배신자 취급을 받기 일쑤이지만…….

맹목적인 분노와 응징은 상대는 물론 나 자신까지 파괴하는 무기이지만, 사랑은 적들까지 내 편으로 돌려 세우는 화해의 장치이다. 그 사랑의 시작이 인간에 대한 깊은 이해에 있음은 두말할 나위 없다. 그리고 그 이해의 시작은 자기 자신이 되어야 한다.

자신을 깨달았을 때, 비로소 남의 마음도 이해하게 된다.

— 에릭 호퍼 (1902~1983, 미국의 사회철학자. 떠돌이 노동자 생활로 평생을 보냄.)

성찰이 곧 자유다

성찰이라는 단어처럼 남용되는 말도 없을 것이다. 심지어 사람들에게 끊임없이 자신의 히스테리를 발산하며, 다니는 곳마다 분란을 빚어내는 인물들이, 다른 사람을 향해 습관적으로 “자기 성찰 좀 하고 살라”며 충고하는 모습도 본 적이 있다. 언어는 역사성이 있어 시대에 따라 뜻이나 쓰임새가 달라질 수도 있다고 하지만, 이 ‘성찰’이라는 말까지도 남을 비난하기 위한 용도로 변질되고 있는 현실이 씁쓸하다. 그래서 이번 이야기 제목을 ‘성찰이 곧 자유’라고 붙이면서 고민스럽기는 했지만, 앞서 이어 온 문제의식을 간결하게 표현할 수 있는 단어로서 이만 한 것이 없기에 그냥 쓰기로 한다.

자기 존재를 객관적으로 조명하는 것이 성찰의 기본이다. 그러기 위해서 ‘익숙한 삶, 적응된 기득권, 어울리는 무리(집단)로부터의 탈피’가 앞서야 한다. 그러지 않은 상태에서의 성찰이란 결코 자기 존재의 욕망을 넘어서지 못하기 때문이다.

내가 배낭을 짊어지고 유랑을 시작한 것도 그런 이유 때문이었다. 우리의 일상적인 삶, 대중소비사회에 적응된 삶은 세상을 바라보는 명징한 시야를 방해한다. 2006년의 어느 날, 나는 내 심신을 익숙한 삶에 잡아매는 그 '일상'이라는 끈을 잘라내야 할 필요를 느꼈다. 하여 몸무게 반절 무게의 배낭을 짊어지고, 전국 240여 지자체 중 190여 곳을, 노숙에 걸식을 하며 도보로 이동하여 환경 캠페인을 해왔다. 나머지 50여 곳도 나이 더 들기 전에 후딱 끝내야 한다. 그간의 파란만장한 유랑 이야기는 『둥글이의 유랑투쟁기』로 엮었다.

그런데 유랑의 삶 속에서 뜻하지 않은 방식으로 한 가지 성찰을 하게 되었다. 그것은 바로 자유에 관한 성찰이었다. 여기서 말하는 자유란 '배낭 짊어지고 유유자적 가고 싶은 곳 돌아다니면서 하고 싶은 것 마음껏 한다'는 이동의 자유를 의미하는 것이 아니다. 몸무게 반절 무게의 배낭을 짊어지고 다녀야 하니 허리가 휘어진다. 늘상 발바닥에 물집이 잡히고 삭신은 쑤신다. 길에서 먹고, 자고, 싸고, 빨래하는 일 자체가 큰 고역이다. 흔히 얘기하는 목가적 자유, 감상적 해방감 같은 것은 느낄 여력도 없다.

다만 나는 유랑의 과정에서 무수한 고초와 박대를 겪으면서, 길바닥에서 사는 별 볼 일 없는 이로서 비우고 낮추는 법을 배웠다. 또한 대중소비사회의 압력과 집단적 관성으로부터 해방된 삶의 가능성을 살피게 되었다. 인간관계에 얽힌 삶 속에서의 '해야만 하는 것을 원해야 하는 삶'이 아닌, 내가 원하는 것을 직접적으로 욕망할 수 있는 기회를 얻었다.

홀로 묵묵히 갈 길을 가며 고독을 감수하는 생활의 반복으로, 나를 묶고 있던 타인의 시선에서 조금씩 벗어나게 되었다. 또 남들의 평가와 상관없이 자율적으로 움직일 수 있는 힘을 기르게 되었다. 그것은 한 자락의 자유였고 치유였다.

이런 여정 덕분에 미흡하나마 집단의 관성에서 벗어나 나만의 처신 공간이 만들어졌다. 그러다 보니, 동시에 남의 공간을 존중해야 할 필요가 생겨났다. 남이 나와 다른 생각을 가지고 있을 때 느끼던 모종의 불편함이 줄어들었다. 그전까지 '타인'은 우리 집단 안에서 어떤 역학관계 속에 맞물려 있던 뭉뚱그려진 존재들이었다. 집단의 필요에 의해 배치되는 존재였다. 그렇게 연결된 존재들이다 보니 타인이 나와 다른 생각과 입장을 가졌다는 것이 불편할 때가 많았다.

하지만 유랑의 경험으로 내 몸에 묶여 있던 줄을 풀자, 내가 다른 사람들을 묶고 있던 줄도 풀렸고, 그들 각자가 독립적인 존재로 다가왔다. 불완전하게나마 나를 해방시키자, 다른 이들 역시 자유의 존재임을 알게 된 것이다. 자기 성찰의 역설이다.

이러한 성찰의 경험이 없는 이들일수록 남의 사생활에 대한 관심이 관음증 수준이다. 그리고 타인을 통제하려 든다. 일상에서 가장 흔히 볼 수 있는 경우가, SNS에 쓴 상대방 의견이 자신의 것과 다르다는 것을 견디지 못해 왈가왈부하는 것이다. 상례로부터 현격히 벗어난 몰상식한 태도를 비판하는 것은 그럴 수 있다 치더라도, 자신의 정치적 기호와 신념에서 조금만 벗어나 있으면 트집 잡고 맹비난을 일삼는다. 이런 이들일수록 자립하지 못하고 인간관계가 묶여 있다. 충격적인 것은 '진보'의 기치 아래 그러한 일이 벌어진다는 것이다.

타인의 주체, 자율을 인정하는 것이 진보성의 기초이다. 다른 주체를 강압하고 자율을 부정하는 순간 그것은 더 이상 진보가 아니다. 그러한 성찰 없는 진보는 어떠한 거창하고 아름다운 대의로 포장하고 있어도 기실 파시즘의 아류일 따름이다. 우리는 그간 이러한 기본적 이해도 없이 그럴싸한 이상을 남발하고, 그것을 대중에게 주입하는 것을 진보의 의무이자 권리인 양 착각해 왔다. 그 독단이 조직과 집단, 정당의 문화에 가득하다 보니 세상이 이렇게 된 것임을 모르고 아직도 시대착오적인 열정을 불태우고 있다. 어쩌면 이것은 우리 사회에서 진보성에 대한 기초적인 합의나 논의가 아직 제대로 이뤄지지 않았기 때문에 빚어지는 문제일지도 모른다. 주체와 실존적 성찰이 이뤄지기 힘든 집단주의 문화의 대표적 폐해이다.

여지껏 우리는 진보성이 단순히 보수와 박 터지게 싸우면 얻는 훈장이라고 알아왔다. 누군가 평등과 평화에 대한 그럴싸한 이상을 늘어놓으면 그것이 진보의 표상이라 확신하며 감격의 박수를 아끼지 않았다. '사회적 약자를 위한'이라는 수식만 붙으면 그 어떤 히스테리적 몸부림과 해괴한 과대망상증도 진보로 자리매김 되었다. 하지만 진보성은 거저 얻어지는 것이 아니다. 인간성에 대한 섬세한 이해와 배려를 바탕으로 '주체'와 '자율'을 공고히 하려는 일련의 행위가 진보성이다. 그럴싸한 이상, 약자 대변의 구호, 보수와의 박 터지는 투쟁 자체는 단순한 현상일 따름이지 진보의 특질이 아니다. 개개인의 인간성을 인정하고, 개개의 자유를 증진하는 과정 자체에 진보성의 가치가 있다. 결국 '진보성'이란 '자유로운 인간의 세상을 만들어 가는 성찰의 과정'이다. 이 책에서 인간성을 탐구하는 다양한 노력이 시도되고, 인간성과 진보성을 같은 선상에 놓고 종합을 시도하려는 것도 그 때문이다. 되돌아봄, 배려, 겸양, 타아에 대한 존중, 인성 등이 바탕이 되지 않은 일부 막무가내 진보성의 폐해를 이제는 바로잡을 시점이다.

자기 성찰은 우리 존재의 뿌리를 단단히 만들어 내는 일이다. 그 성찰이라는 뿌리에서 자라는 줄기와 가지가 바로 '주체'와 '자율'이다.

> 만일 당신이 찍은 사진이 좋지 않다면,
> 그것은 당신이 충분히 가까이 가지 않은 탓이다.
> — 로버트 카파 (1913~1954, 사진작가)

자기 넘어서기

여기서 말하는 '자기를 넘어섬'은 성찰의 또 다른 이름이자 주체와 자율을 증진하는 양분이다. 이는 여태껏 자기가 쌓아 놓은 성과를 현격히 늘려 '레벨업'시킨다는 의미가 아니다. 오히려 성과를 깡그리 버린다는 의미에 가깝다. 자기 초극은 안주한 현실에서의 능력을 배가하고 권력의 정점으로 향한다는 의미가 아니다. 그보다는 자신의 왕국을 버리고 미지의 세계를 찾아 떠나는 모험의지의 다른 표현이다.

태산을 향한 일념으로 끝까지 올라가 정복하는 용기가 아니라 오히려 내려오는 용기이며, 그래서 다른 산을 다시 오를 수 있는 기회이다. 채우는 욕심이 아니라 버리는 비움이며, 비워진 마음에 새로운 것을 채울 수 있는 가능성이다. 진정한 초극은 지금까지의 내 이해와 믿음과 정의와 가치를 내버리고 전혀 다른 사람이 된다는 의미이기도 하다. 그것은 다시 태어남이다. 진보를 진보답게 만드는 특질도 여기에 있다.

우리가 보고 행동하는 범위는 우리가 모르는 것에 의해 제한 받는다. 그리고 우리가 모른다는 사실을 모르기 때문에 우리가 변화시킬 수 있는 일은 거의 없다. 우리가 알게 될 때까지 모르는 것이 우리의 생각과 행동을 구성한다.

— 로널드 랭 (1927~1987, 스코틀랜드 정신의학자)

인간은 누구나 자기중심적이다. 지금까지의 경험을 바탕으로 의식과 생각이 구성된다. 그 때문에 현재 자신의 주관적인 느낌이나 생각을 객관적인 것으로 착각하곤 한다. 이렇다 보니 우리들 대부분은 '주관적 절대주의'의 맹신자이다. 자신이 가진 생각을 절대 세계와 구분하는 데 실패하는 것이다. 자기가 알고 자기가 믿는 세계에만 빠져 있을 수 밖에 없는 이유이다. 하여 타인이 자신과 같지 않은 것에 분노하고 강요하고 학대하는 일이 발생한다. 이러한 주관적 절대주의(독단)로부터 벗어난 이들과 그렇지 못한 이들의 차이는 아주 단순하다. 타인을 존중하는지 아닌지이다. 하지만 이 단순한 차이를 만드는 데에는 태산같이 무거운 수고가 따른다. 그것은 새로 태어남이다. 갓난아이 때부터 세상이 온통 자신을 위해 만들어졌다고 여겨 왔던 그 겹겹의 나르시즘을 깨야만 다시 태어날 수 있다. 익숙한 앎들로부터 벗어나, 미지의 것을 접할 기회를 만들어야 한다. 그 순간, 우리의 발목을 잡아 왔던 과거를 청산하고 미래로 나아갈 가능성의 세계는 열린다. 우리 안의 어두움, 히스테리, 피해의식, 절망을 털어낼 기회를 얻게 되는 것이다. 새로 태어날 기회를 얻는 것이다. 비로소 그때 우리는 두 번째 인생의 걸음마를 시작할 수 있다.

하지만 그것은 한 방에 해결되는 일이 아니다. 돈 많이 벌어 갑부로 성공하는 것은 오히려 쉽지만, 자신의 욕망에 맞서 정신의 균형을 잡는 것은 훨씬 어려운 인내와 수련이 필요한 일이다. 경제적·사회적으로 성공한 사람들 중에 인간됨으로 인정받는 이들이 거의 없는 이유이다.

그런데 정말 미스터리하게도, 별다른 노력도 기울이지 않으면서 너나 할 것 없이 '인생 전문가', '마음의 전문가'라고 자처하고 있다. 돈 잘 버는 사람을 존경하는 희한한 분위기가 팽배해 있고, 제대로 균형도 잡지 못하고 뒤뚱거리는 이들이 남들의 '인생 멘토'를 자처하는 것도 흔히 본다. 구속되어 구치소에 있을 때, 상습 사기범이 젊은 신참 재소자에게 '인생 조언'을 하는 모습도 본 적이 있다. 그 이야기는 '수익성 좋은 투자'로 이어졌고, 젊은이의 눈은 빛났다.

이런 어처구니없는 일이 끊임없이 발생하는 것은 우리네 인생이 '체조 경기' 같지 않기 때문이다. 난이도를 구분하고 점수를 매겨 검증하고 평가할 수 있는 객관적 기준이 존재하지 않는다. 다들 자기 경험과 주관에 따라 인생사의 가치를 평가한다. 그 때문에 주변 사람들한테서 손가락질 받는 이들마저 '인생 전문가'를 자처하며 타인에게 충고를 아끼지 않는 것이다. 이러한 폐해를 극복하기 위한 첫걸음이 바로 '자기 극복'이다. 익숙한 것에 한번 고착되면 그곳이 무덤이 되는 우리 존재의 특질을 넘어설 방법이다. '자기 극복'이란 관념적이고 추상적인 이야기가 아니다. 아는 사람만 만나지 말고, 늘 접속하는 인터넷 사이트만 보지 말고, 고집하는 신념에만 매몰되지 말라는 구체적인 얘기이다. 진보가 진보답기 위한 노력도 바로 여기에서 시작된다.

지브롤터 해협 동쪽 끝, 헤라클레스의 기둥에 씌어 있던 중세의 모토, "이곳을 지나 더 나아가지 말라"처럼 우리는 미지의 경계를 넘는 것에 근원적인 두려움을 가지고 있다. 현실에 만족하고 적응한 이들은 결코 이 두려움에 맞설 필요를 느끼지 않는다. 그런 의미에서 '자기 극복'은 자신의 익숙한 존재에 저항하는 이들이 누릴 수 있는 '가능성의 대양'이다. 그러나 그것은 '새로움을 향한 지향성'일 뿐, 실제로 자기 극복의 길에는 수많은 '자족의 함정'이 도사리고 있다.

스스로 바뀌지 않는 한, 이미 가진 것밖에 가질 수 없다.

— 짐 론 (1930~2009, 전미 연설 협회의 최고 영예상 수상 강사)

독단의 함정

중학교 때 수업시간이었다. 담임선생님이 한 녀석을 크게 나무라면서 꿀밤을 쥐어박았다. 녀석은 억울하다며 "제가 안 했습니다. 제 이름을 걸 수 있습니다" 하고 항변했다. 선생님은 다소 당황해서 "이름을 걸기는 뭘 걸어" 하며 말꼬리를 흐리고 사태를 봉합하려 하셨다. 더 파봐야 본인의 과오만 드러날 것이 분명했기 때문이다. 친구 녀석은 평소 친구들 사이에서도 강직하기로 정평이 나 있었던 터라, 우리는 선생님이 헛다리 짚었다고 확신했다. 억울함을 견디지 못한 녀석의 얼굴에는 핏발이 섰다.

선생님이 얼버무리며 뒤로 빼는 모습에 무책임함이 느껴졌다. 친구가 항변하는 상황이었기에 사실 관계를 따져 친구의 억울함을 밝혀주거나, 아니면 위기를 모면하기 위해 거짓으로 이름을 건 괘씸함에 대한 처벌을 해야 했다. 하지만 선생님은 난처한 상황을 모면하기 위해 그냥 뒤로 물러났을 뿐이다. 담임선생님에 대한 실망이 밀려왔다.

그런데, 다음날 조회시간에 뜻밖에도 담임선생님은 자신이 잘못 알고 친구를 나무랐다면서 공개적으로 사과를 하셨다. 그 얘기는 주요 전달 사항 중간에 끼어서 지나치듯이 거론하셨고, 나름의 변명도 덧붙이셨다. 좀 '찌질한' 사과였다. 하지만 그렇게 우리 앞에서 공개적인 사과를 했다는 것만으로도 선생님이 남다르게 보였다.

당시 교사들은 자기 기분에 따라 학생들 두들겨 패고 기합 주고 하는 것이 자연스러웠다. 별일도 아닌 일로 교사에게 개 맞듯이 두들겨 맞게 되면, '선생님 댁에 안 좋은 일이 생겨서 오늘 하루 샌드백 신세가 되었나 보다' 하고 생각하는 것이 당시 학생들의 '건전한 마음가짐'이었다. 그렇기에 그 무소불위의 권위적 존재가 꼴랑 꿀밤 한 대 때린 것에 대해 그렇게 공개적으로 사과를 하는 모습에 모종의 감동 비슷한 것을 받았다.

시간이 지나 생각해 보건대, 당시 선생님은 사건 직후 집에 돌아가서 많이 고뇌하셨을 듯하다. 아무래도 본인이 헛다리 짚은 것 같기는 한데, 그걸 수습하기 위한 방법이 여의치 않았으리라. 그래서 그냥 본인의 권위로 밀어붙일지, 실수에 대해 사과해야 할지 고뇌하셨을 것이다. 그는 후자를 택했고, 다음날 아침 그렇게 공개 사과를 하셨던 것이다.

그가 사과를 했다고 해서 그의 권위가 훼손되거나 체면이 구겨진 것은 아니었다. 사과를 하지 않고 힘으로 군림하며 그것으로 자족했다면 우리는 그를 그저 그런 선생들 중의 하나로 여겼을 것이다. 하지만 자신의 잘못을 인정하고 겸손히 나서는 모습에 우리는 존경으로 보답할 수 있었다. 개중에 나 같은 사람은 그 모습을 아직까지도 가슴에 간직하고 인생의 지표로 삼을 수도 있는 것이다.

그 덕인지, 나는 일상이나 투쟁 현장에서 이런저런 대상(경찰, 공무원, 정치인 등)과 싸울 때에는 핏발을 올리다가도, 혹시나 내가 잘못 알고 그들을 비난했던 것이 밝혀지면, 그들에게 정중히 고개를 숙이고 사과를 한다. '가오'도 상하고 겸연쩍기도 하지만 꾸역꾸역 그렇게 한다. 그것은 꼭 상대방을 위해서가 아니다. 일상에서 습관적으로 나 자신을 합리화해대던 아집을 깰 수 있는 좋은 기회일 뿐 아니라, 독단의 괴물이 되지 않을 수 있게 나를 다시 '리부트'하는 버튼이 되기 때문이다. 싸울 때에는 싸우더라도, 서로 간에 대책 없는 반목과 증오를 거두고 최소한의 상식의 기반에서 공박을 이어갈 수 있는 여유를 제공해 준다. 한발 물러서는 용기는 '외부의 대상에 맞서 싸우는 용기'보다 먼저 필요한 인간적 자질이며, 다툼으로 건조해진 삶에 신선한 공기를 유입시키는 숨구멍이다. 한 현인은 "한 걸음 앞으로 나가면 앞길이 막히고, 한 걸음 양보하면 천지가 넓어진다"는 말로 이를 표현하였다.

내가 그간 '옳다'고 믿고 있었던 것이 혹여나 오늘 '옳지 않은 것'이 되어 있는 사실을 확인했다면, 혹은 며칠 전까지 내가 누군가를 의심했던 것이 사실은 오해에 의한 것이었다는 사실을 알게 되었다면, 지금 당장 통렬히 반성하고 참회할 수 있는 용기를 내야 한다. 진보 진영의 가장 취약한 점이 바로 이 부분이기에 더욱 그러하다. 남의 잘못만 침소봉대해서 '타도'를 위해 앞서는 태도가 아니라, 내 잘못을 예민하게 살피고 그것이 잘못임을 구체적으로 인식하며 사과하는 능력을 키워야 한다.

그 기회를 한두 번 놓치는 순간, 어느 때부터 나는 독단의 함정에 빠질 수 있기 때문이다. 한번 빠지면 다시 되돌아 나올 수 없는 무시무시한 자족의 수렁! 눈앞에 보이는 적들보다 더욱 가공할 힘으로 자신의 발목을 잡는 존재의 함정 말이다.

아는 것을 안다고 하고, 모르는 것을 모른다고 하는 것이 말의 근본이다. — 순자 (荀子, 유가 사상가)

날카롭게 간 창끝

과거에 침잠해 있지 않고 변화를 추구하며 앞으로 나아간다는 의미의 진보가, 방향성 없는 저항과 무자비한 돌격으로까지 왜곡되어 있다. 진보라는 이름으로, 상대에 대한 막연한 불편함에 대해서까지 신랄한 비난이 이어지고, 입장과 가치가 조금만 다르면 우선 '타도해야 할 적'으로 규정하고 인간적 모멸을 가하는 것이 유행처럼 번져 있는 상태이다.

신중한 판단력과 수용력이 있다면 좋게 넘어가거나 충분히 해결할 수 있는 사안임에도, 거기에 감정을 싣고 증오를 담으며, 구획을 나누고 전선을 형성해, 필요 없는 갈등을 만들어 내는 일이 부쩍 늘어나고 있다. 이 때문에 서로 원한이 쌓이고 분열이 가중된다. 사리와 균형, 배려라는 것은 찾아볼 수 없는 상황이다. 이는 가뜩이나 자신들이 독점하다시피 한 과잉개념을 타인에 대해 강요하면서 빚어지는데, 이것이 유행처럼 번져 있는 것은 작금의 사회가 인간의 감성과 감정을 부추기는 후기산업사회의 기반 위에 있기 때문인 듯하다.

여기에 푸코의 권력이론과 마르크스주의 식 '지배와 착취' 관념을 우격다짐으로 대입해 대립과 갈등을 고조시킨다. 적군 아니면 아군이라는 이분법이 횡행한다. 민중 해방을 위한 이론을 세우려 한 마르크스가 자신의 이름을 내걸고 민중들끼리 싸우라고 했을까.

이런 경향 탓에, 실질적인 변화를 위해 사람들에게 다가가 설득하고 상황 전환을 꾀하는 유연한 이해와 수고를 기울이는 경우는 오히려 예외가 되고 있다. 자기들 성질을 주체하지 못해 보이는 대로 트집 잡아 싸움만 걸어대는 일이 비일비재하다.

동물 권리 찾기 운동하는 이들 중 일부가 보이는 모습을 예로 들어 보자. 얼마 전 버려진 강아지를 한 마리 데려왔다. 주인이 안 나타나서 '분양합니다'는 내용으로 SNS에 포스팅을 했다. 그러자 어떤 분이 "강아지 분양이 아니라 입양이라고 쓰셔야 해요"라고 지적해 주셨다. 개는 사람의 가족이니 사람에게 쓰는 표현을 써야 한단다. 나는 '분양'이나 '입양'이나 여러 의미로 쓰일 수 있지만, 그 언어 쓰임을 강요해서는 안 된다는 말씀을 드렸다. 그러자 동물애호가를 자처하는 다른 분이 그 댓글에 격분해서 약자의 주장을 무시한다며 꾸짖었다. 그들은 이틀 밤낮으로 '개 입양'이라는 표현을 받아들이지 않는 나 같은 위선적 환경운동가의 잘못된 가치관을 바로잡으려고 수백 개의 조롱성 댓글을 달았다. 안되겠다 싶어 "내 생각이 짧았다. 본의 아니게 미안하다"며 도의적 사과까지 했지만 비난은 이어졌다. 보편적인 언어 쓰임과 상식을 고려했으면 싶었다.

하지만 그들 일부 동물권 운동가들에게 그것은 고려되지 않는다. 동물 착취자인 인간 일반은 규탄 받아야 마땅하고, 동물 권리에 대해 일가견이 있는 자신들만이 판단과 심판의 자격이 있다는 듯이 말하고 행동한다. 자신들에게 '정의의 기사' 작위를 스스로 부여했기 때문이다. 그러니 눈에 보이는 현실이 불만스러우면 앞뒤 가리지 않고 무턱대고 비난부터 쏟아낸다. 자기들 생각에 동조하지 않는 이들에 대해서는 '동물학대 옹호자'로 낙인찍어 고립시키기도 한다. 그게 정말 문제가 되는 행동인지를 따져보고, 그 경중에 따라 비판의 수준을 조정하는 숙고의 과정이 없다. 그런 신중함은 나약한 패잔병들의 것으로 치부된다. 오직 가열차게 돌격해 '타도'를 외치는 것만이 그들 '정의의 기사단'의 의무이다.

이런 사건들이 수시로 빚어지면서 동물운동계의 동력은 누수 되고 신뢰는 바닥을 친다. 백 번 잘하다가 한 번 실수를 해도 인심을 잃는 것이 세상사의 이치이다. 그런데 그 '정의의 기사'들은 본인들이 큰 과오를 저지르고 있음을 모르고 자기만의 정의감을 발휘하며 동물운동의 기반을 무너뜨리고 있다. 그 마음 내키는 대로 질러대는 행태 때문에 동물운동계 전반에 대한 불신이 퍼지고 있다.

이해하기 쉬운 사례를 들었을 뿐이다. 훨씬 심각한 극단의 기류가 시민사회 전반에 유행처럼 퍼져 있다. 앞서 다뤘듯 "노인은 사회적 약자니까 버릇없는 젊은 년놈들에게 예의를 가르쳐야 한다"며 폭언을 일삼는 노인 권리찾기 운동, 청소년은 사회적 약자이고 노인세대에게 억압받고 있으므로 노인들 일반을 맞서 싸워야 할 적으로 규정한다는 일부 청소년 운동, 노동자는 무조건 선이고 사용자는 무조건 악이라며 조그만 가게 주인에게마저 과도한 적의를 드러내는 일부 노동자들, 잘못된 정치 때문에 시민들이 고통을 당하고 있다는 이유로 자신이 지지하지 않는 다른 정치인을 지지하는 시민들을 맹렬히 비난해도 된다고 여기는 사람들, 여자는 남자들로부터 많은 고통을 받았으니 강릉 펜션 사고 등에서 비명횡사한 피해 남학생들과 유족을 조롱하는 것도 여성들의 마땅한 권리인 듯 주장하며 이를 문제 삼는 여성에게마저 여성 혐오자의 낙인을 찍는 일부 성평등 운동 등. 사회적 약자와 소수자의 대변자임을 자처하며 나서는 분야에 도를 넘은 극단이 만연해 있다.

자기들 헤게모니를 장악하고자 선불리 타인의 양심을 재단하고, 인간성을 심판하며, 주체와 자율을 억압하는 일들이 끊임없이 빚어지고 있다. 이러한 극단적 행태는 상처받은 자아와 분열된 마음을 반영하기에 무엇보다 치료와 성찰이 필요하다. 하지만 각각의 운동 진영을 이끌어 가는 공신력 있는 조직들은 이를 오히려 권장하다시피 한다. 극성 회원들의 활동이 자신들이 헤게모니를 잡는 데 유리할 수 있다는 편협한 욕심 때문이다. 이들은 "대의를 위해 싸우다 보면 사소한 병폐는 있기 마련이다"는 논리로 자신들의 과오를 얼버무린다. 그렇게 증오를 부추겨 성장하는 운동은 그 자체로 주체와 실존에 대한 모독임을 직시하려 하지 않는다. 그 극단성이 전 분야에 퍼져 시민사회 기반 자체가 망가질 것이라는 생각을 하지 못한다. 오직 자기들의 지배력 확보에만 혈안이 되어 있기 때문이다. 사회적 약자와 소수자의 권리를 증진하기 위해 해야 할 과제들이 무수히 널려 있는데, 자신들의 아집을 충족하기 위해 각각의 운동 진영을 소비하는 것이다. 더군다나 그러한 이들일수록 이러한 문제에 대한 주변의 우려를 자신들의 신념에 대한 도전으로 여겨 무참한 공격을 마다하지 않는다. 귀를 막고 자기 소리만 높인다.

우리 자신의 얘기라 이해가 잘 안 된다면, 외국의 예를 들어보자. 흑인들은 지금 이 순간에도 백인들에 의해 노골적으로 인권을 유린당하고 생존의 위협을 받고 있다. 심지어 아직도 일부 백인들로부터 가축 취급을 받다시피 한다. 백인 경찰관으로부터 불심검문을 받다가 총격을 당해 사망하는가 하면, 뿌리 깊은 차별 구조는 흑인들이 할렘 가를 벗어나지 못하게 만든다. 21세기에 태어난 미국 흑인 남성 세 명 중 한 명이 수감 경험이 있는 것도 그 때문이다.(브라이언 스티븐슨, 『월터가 나에게 가르쳐 준 것』 참고) 조상 대대로 이어진 이 억울한 처우에 대해 흑인 극단주의자(블랙 내셔널리스트)들이 들고일어서서 자신들의 권리 회복을 위해 백인 남자들은 살해하고 백인 여자들은 강간하자는 주장까지 하고 있다. 그런데 흑인들이 더욱 화가 나는 것은 백인도 아니면서 백인 행세를 하며 흑인들을 무시하는 동양인들이다. 하여 흑인 우월주의자들은 동양 남성들을 전부 싸잡아서 백인의 개라고 칭했고, 동양 여자들을 전부 싸잡아 옐로우 캡(택시처럼 부르면 언제나 온다는 의미)이라며 성적으로 조롱했다. 미국 백인의 하수인을 자처했던 한국인들에 대해서는 말할 나위 없다. 자, 그렇다면 사회적 약자인 흑인들이 우리에 대해 '백인의 개', '옐로우 캡'이라고 조롱하는 것을 겸허히 듣고 수용해야 하는가? 아니면 "아무리 고통 받는 약자라고 해도 도를 넘는 극단성은 피해야 한다"고 얘기해야 할까? 상식이 있다면 후자를 택해야 한다. 그런데 "극단성을 피하자"는 주장에 대한 반발로 흑인들이 "니들이 흑인들 고통을 알어?", "우리 목소리를 막으려는 니들은 흑인 혐오자야" 하며 더욱 신랄한 비난을 해왔다고 해 보자.

먼 나라 흑인 우월주의자의 얘기만이 아니다. 우리 사회에서 성찰하지 못하는 운동의 여러 방면에서 이와 똑같은 모습이 보인다. 물론 급박한 상황, 외부의 힘 있는 세력과 맞서기 위한 다소의 과잉은 어쩔 수 없다. 맹독 비소도 때론 약으로 쓰이는 것처럼 말이다. 하지만, 극약 처방을 너무 자주 하면 스스로 망가진다. 더욱 큰 문제는 그 극단의 처방이, 인간의 자유를 억압하는 외부의 세력과 맞서서 이뤄지는 것이 아니라, 진보 진영 내부의 헤게모니 다툼의 일환으로 이뤄지고 있다는 것이다. 일부 진보 언론과 지식인들까지 나서서 이 극단성을 부추긴다. '사회적 약자 대변'이라는 포장을 하고 말이다.

이러한 엘리트주의의 아류, 앞뒤 안 가리는 맹목적 진보성(?)은 '날카롭게 간 창끝'과 같은 성질을 가지고 있다. 한 번 찌르면 다시 빼기도 힘들 뿐만 아니라, 창끝을 연마하는 데 너무 공을 들인 나머지 상대가 아군인지 적군인지, 지금이 창을 휘둘러야 하는 상황인지 다독여야 하는 상황인지에 대한 분별 자체를 하지 못한 채 무턱대고 찔러대는 것에 재미를 붙이게 된다. 단순한 사안도 해결의 실마리를 놓쳐 복잡하게 꼬이고, 더욱 큰 갈등과 분열의 악순환이 빚어진다.

우리의 존재 영역은 무지개 스펙트럼과 같다. 그 다양하게 펼쳐진 색을 보는 통찰과 수용력의 여부에 우리 인생의 폭과 질이 좌우된다. 지극히 좁은 자기 관심 분야만 미분해 복잡한 개념과 논리를 만들고 과잉 몰입해서는 안 된다. 그 좁은 이해로 무지개 스펙트럼을 밀어내고 이분법과 흑백논리에 침잠해서는 안 된다. 그 사려 깊지 못함의 폐해는 고스란히 자신의 실존으로 되돌아오기 때문이다. 정신은 황폐해지고 성장은 멈춘다.

묘한 것은, 이러한 아집과 독단은 그것이 강하면 강할수록 오히려 현실을 명확히 보고 있는 것 같은 강력한 착시효과를 만들어 낸다는 것이다. 그렇다 보니 더욱 과격한 창질이 벌어지는 것이다. 이분법과 흑백논리의 함정이다. 여기에 편협한 감각과 감성이 더해지면 그 날카롭게 간 창의 파괴력은 배가 된다.

> 우리는 언제나 정의를 받들어야 하지만, 정의만으로 재판을 한다면 우리들 중 단 한 사람도 구원을 받지 못할 것이다.
>
> — 셰익스피어 (1564~1616, 영국의 극작가이자 시인)

감성의 저편

TV 불우이웃돕기 프로그램이 있다. 사연 주인공의 딱한 사정을 방송으로 공개해 시청자들 눈물 흘리게 하고, 시청자들이 전화를 걸어 성금을 보내도록 유도하는 프로그램이다. 만약 복지 선진국 국민이 한국에 와서 이런 방송을 본다면 뭐라고 할까? 개인의 프라이버시를 무시하고 아주 불쌍한 사람으로 보이게 하는 내용을 공중파로 방송하고, 같은 서민들 주머니를 털어 다른 서민을 돕도록 독려하는 것이 이해되지 않는다고 할 것이다. 국가가 사회적 안전망을 만들고 제도적으로 지원해야 할 일을, 왜 개인에게 수치감까지 줘 가면서까지 저렇게 해야 하느냐고 물을 게 뻔하다.

온정주의적 사고의 결정적인 맹점은 감각과 감성을 자극할 때, 즉 눈앞에 사태가 보일 때에만 반응한다는 것이다. 안 보일 때에는 그런 현실이 존재한다는 사실 자체를 잊는다. 그렇다 보니 일 년 내내 후원이 저조하다가 연말연시 불우이웃돕기 특집 프로그램이 방송될 때에만 후원금이 쇄도한다.

복지예산을 대폭 늘리고 지원을 위한 제도적 장치를 보완하면, 가난한 이웃들 출연시켜 눈물 짜게 할 이유도 없고, 국가의 책임 방기를 서민의 주머니로 땜빵할 필요도 없어진다. 하지만 감각과 감성에만 반응하는 우리네 정서는 문제를 넓게 보고 근본을 해결할 방법을 고민하는 데 번번이 실패한다. 이 때문에 사회복지는 신파극으로 전락했다.

물론 사회 발전의 과정상 이러한 온정주의는 거쳐야 하는 수순일지도 모른다. 하지만 유급을 반복하는 만년 졸업반처럼, 좀처럼 여기에서 도약하지 못하는 우리 사회의 현실이 안타깝기만 하다. 불우이웃돕기 프로그램 속, 사연의 주인공들을 보고 불쌍하다고 할 것이 아니라, 이런 현실을 넘어서지 못하는 자신들을 동정해야 한다. 언젠가 사업이

망하고 자기 건사가 힘들어질 때, 본인이 그 사연의 주인공으로 떠밀릴 수 있기 때문이다. 허술한 사회 안전망 하에서는 우리 모두가 언제라도 낭떠러지 끝으로 밀릴 수 있다.

감각과 감성에 휘둘리는 문제는 곳곳에서 보인다. 그 한 사례가 환경을 보호해야 한다면서 종이컵과 비닐봉지 쓰는 문제에만 극단으로 관심을 갖는 사람들이다. 물론 종이컵과 비닐봉지는 환경을 위해 되도록 쓰지 않는 것이 옳다. 그런데 오직 그것에만 지구의 운명이 달린 것처럼 몰입하며 어쩌다 사람들이 쓰는 것에 대해 "환경을 생각해야 하지 않느냐"며 대놓고 면박을 준다. 재미난 사실은 그러한 이들 중에 자동차 안 끌고 다니는 사람이 없다는 것이다. 본인이 아무렇지도 않게 비싼 자동차 몰고 다니는 것이, 길바닥에 종이컵과 비닐봉지를 매일 수백 수천 개 뿌리는 만큼의 환경오염을 일으킨다는 생각을 하지 못한다. 자동차 운전이 환경오염에 미치는 영향은 감각과 감성에 곧바로 와 닿지 않기 때문이다. 반면 언론을 통해 보이는, 오염된 바다와 토양에 종이컵과 비닐봉지가 굴러다니는 사진은 감각과 감성을 자극한다. 하여 그것에만 집착하는 것이다.

그들의 활동은 환경운동이라기보다는 절약운동에 가깝다. 수조 원대 자산을 가지고 있는 재벌이 종이컵과 비닐봉지를 안 쓰고 금욕적 생활을 한다고 해 보자. 그를 환경의 수호자라고 부를 수 있을까? 그 손에 쥔 수조 원이 이미 막대한 환경파괴의 결과이다. 마찬가지로 이미 각자의 손에 쥐어진 만 원짜리 한 장에는 한 평의 파헤쳐진 숲과 생명이 구겨져 들어가 있다. 그러한 성찰 없이 종이컵 하나, 비닐봉지 하나에만 몰입하는 것은 자기기만이다.

이것을 알면 자신의 소득이 파괴하고 있는 자연에 대한 죄스러움으로, 남들이 종이컵과 비닐 쓰는 것에 대해서만 맹렬히 비난할 수 없을 것이다. 그러한 자성의 마음과 함께 겸손하게 '종이컵 비닐봉지 덜 쓰기'를 제안해야, 사람들이 비로소 귀 기울여 듣는다. 하지만 돈벌이는 많이 하고 싶고, 버려진 쓰레기는 감각과 감성을 자극하니, 종이컵과 비닐봉지 문제에만 맹렬히 집착하는 것이다. 그것을 지적할 때마다 자신의 도덕적 허기가 채워지는 충만함을 느끼기 때문에 더더욱 집착한다. 이는 열정 낭비이다.

비슷한 사례로, 휴대폰 충전기 일 년 내내 꽂아 두는 것보다 따뜻한 물로 목욕 한 번 하는 것이 탄소발자국을 더 늘린다. TV 플러그 일 년 내내 꽂아 두는 것보다 자동차 두 시간 달리는 것이 온실가스를 더 많이 방출한다.(「미국 가정과 지역 사회의 탄소발자국 조사」, 2011) 물론 열성적으로 플러그 뽑는 운동을 하는 것이 안 하는 것보다는 낫다. 하지만 일 년 내내 책상 밑으로 기어들어가 플러그 뽑는 수고에 몰입하는 것보다는 차라리 일 년에 목욕 두 번 덜하거나, 자동차 네 시간 덜 타는 것이 환경에 두 배 이롭다는 것이다.

종이컵과 비닐봉지 문제도 마찬가지이다. 되도록 적게 써야 함은 두말할 나위도 없다. 하지만 감각과 감성에 휘둘려, 우리의 시간과 노력을 비효율적으로 집중하는 것은 아닌지 돌아보아야 한다. 큰 문 열고 함께 손잡고 나가면 되는데, 작은 개구멍으로 나가면서 남들도 그 구멍에 끼워 넣는 형국은 아닌지 말이다.

위의 사례는 비유를 들기 위한 이야기일 뿐이다. 정말 큰 문제는 거창한 대의와 이상을 가진 이들이 과잉 감각과 감성에 휘둘리고 있다는 것이다. 이 때문에 사회정의를 위해 나선다며 정작 해야 할 큰 과업은 고민하지 않고 남들의 작은 문제에 대해 꼬투리 잡는 것에 혈안이 되어 있는 이들이 허다하다. 진중하게 사안에 몰입하지 못하고 언론에서 보여주는 이슈에만 휘둘리며 끊임없이 평론만을 일삼는다. 그렇게 자기반성 없이 날카롭게 간 창끝만을 여기저기 쑤셔대다 보니 사회에 갈등과 증오가 폭발하는 것이다. 감각과 감성의 한계를 극복해야 한다. 눈에 보이는 것에만 반응하는 근시안적 사고를 넘어서야 한다.

그런데 아이러니하게도 내가 이러한 감성의 한계를 극복하려고 노력했던 과정은 '천사에서 악마로' 전락하는 역사였다.

외적인 영향에 좌우되고 싶지 않다면,

먼저 자기 자신의 격렬한 감정부터 초월해야 한다.

— 새뮤얼 존슨 (1709~1784, 영국의 시인·평론가)

천사에서 악마로

지금은 비록 이런저런 범죄사건(?)에 휘말려 있고, 검사의 공소장에는 더할 나위 없는 흉악범으로 묘사되지만, 한때 나는 '천사'라는 소리를 들었던 사람이다.

나는 대학에서 사회복지학을 전공하며 시간 나는 틈틈이 중증장애인 시설을 다니며 자원활동을 했다. 그곳에는 작은 방이 몇 개 있고 각각의 방에는 팔다리도 제대로 못 쓰고 대소변도 조절 안 되는 분들이 일고여덟 명씩 생활하고 있었다. 방역 및 위생상태가 좋지 않은 방에는 바퀴벌레가 들끓었고, 침구류에는 늘 얼룩이 배어 있었다. 생활교사들이 돌보지 않는 것은 아니었지만, 옆에 24시간 붙어서 돌볼 수 없는 한계가 있었다. 그런 일상이 계속 누적되다 보니 중증장애인 시설 특유의 퀴퀴한 냄새가 코를 찔러, 처음 그 방에 들어가는 사람들은 자신도 모르게 얼굴을 찡그리곤 했다. 당시 중증장애인 생활 시설에는 피붙이를 맡기고 두 번 다시 찾지 않는 가족들이 많았고, 심지어 사망했을 때 가족들에게 알려도 "알아서 시신을 처리하라"고 외면하는 경우도 흔했다. 그러니 장애인들에 대한 처우가 좋을 리 없었고, 그들의 고달픔은 이루 말할 수가 없었다.

나는 뭐라도 함께할 수 있을까 싶어 그 시설에 찾아갔던 것이다. 그분들 먹여주고, 씻겨주고, 뒤처리해주고, 바깥 구경하고 싶다 하면 휠체어를 끌고 나가 택시, 버스, 기차, 비행기, 여객선 등 인간이 탈 수 있는 것은 우주왕복선만 빼고 이동 보조 활동도 했다. 친해지기 위해, 자리 깔고 누우면 발 디딜 틈도 없는 공간에서 살을 부비며 어울려 잠을 잤다. 그렇게 자고 일어나면 온몸이 가렵고 피부가 붉게 붓기도 했다. 간질병을 앓는 이들, 밤에 화장실 가야 하는 이들 때문에 비몽사몽으로 잠을 설쳐야 할 때가 많았다. 하지만 나름의 소명으로 여기고, 학교 다니는 내내 매주 한 번씩 1박을 하며 그런 활동을 이어갔다. 그때는 나도 '천사' 소리를 들었다.

그런데 어느 때부터 마음속에 부조화가 생겨났다. '내가 과연 이곳에 계속 있어야 하는지' 고민이 시작되었다. 천상에서 쫓겨난 타락천사 루시퍼가 될 운명의 씨앗이 그렇게 내 안에서 움트고 있었다. 그것은 일이 힘들어서가 아니었다. 시설 외부에서 벌어지는 사건들 때문이었다.

가령 이명박 대통령이 집권한 후 '겨울철 저소득층 에너지 보조금' 900억 원이 삭감되었다. 저소득층, 독거노인들에게 지원되던 연탄값 등 난방비가 삭감된 것이다. 이 돈은 2017년 수많은 사람들이 추위를 무릅쓰고 전국의 길거리에서 자선의 종을 흔들어 '구세군 사상 최고로 많이 모은' 70억 원의 열 배가 훨씬 넘는 금액이다. 그렇게 엄청난 복지예산이 이명박 정권 들어와 단순한 '계수 조정'으로 삭감된 것이다. 그후 노인들이 집에서 얼어 죽었다는 기사가 잇따랐다. "집주인이 한여름에 세 들어 사는 집에 심한 악취가 나서 문을 따고 들어가 봤더니, 아래위로 옷을 열 몇 개를 껴입은 세입자 노인이 돌아가신 뒤 6개월 만에 발견됐다"는 기사가 보도되기도 했다.

이뿐만이 아니었다. 결식아동 지원금 541억, 한시적 생계구호비 4,000억, 저소득층 의료지원비 800억, 신생아 도우미 지원비 300억, 노인요양보험시설 확충 예산 447억 등 수천억 원, 수조 원의 복지예산이 4대강 공사를 위해 가차 없이 삭감되었다. 복지정책이 하나씩 없어지고 예산이 삭감되는 것은 사회복지 수혜자의 비명과 몸부림으로 이어졌고, 현장에서 나처럼 활동하는 사람 백 명, 천 명의 활동이 한순간에 아무것도 아닌 게 되는 결과를 가져왔다. 이명박 정권의 사례를 들긴 했지만, 내가 학교 다니던 시절에도 비슷한 사례는 부지기수였다.

나는 곰곰이 생각하지 않을 수 없었다. '시설에서 장애인들 먹여주고 재워주고 씻겨주고 하는 것도 중요하지만, 차라리 밖으로 나가 머리빡 터지게 싸워 잘못된 정책을 단 하나만이라도 바꾸면, 나처럼 일하는 사람들 백 명, 천 명이 움직일 활로를 틔울 수 있지 않은가!'

그것은 그 뒤 '데모꾼'의 삶으로 나를 뛰어들게 만든 문제의식이었다. 물론 복지시설에서 헌신하는 분들도 있어야겠지만, 내 기질상 거리로 박차고 나가는 것이 더욱 바람직하다고 생각했다. 어차피 사회복지 전공도 소일거리로 한 것이었다. 4학년 초부터 학업을 병행하며 일 년간 근무한 복지시설에도 미련 없이 사표를 던지고 나왔다. 아니 어쩌면 그것은 '더 큰 복지'를 하기 위한 방편이기도 했다. 특정 시설에 적을 두고 일정한 직책을 가진 채 월급을 받아야만 복지 일을 할 수 있는 것이 아니기 때문이다.

이 이야기는 한편으로 이 책의 제목에 왜 '싸움'이 들어가 있느냐며 '호전성'에 불편함을 느낄 독자들에게 드리는 변명이기도 하다. 때론 '싸움' 속에 더 큰 사랑의 씨앗이 뿌리를 내리고 있을 수 있기 때문이다. 그렇게 나는 싸움꾼의 길을 걷기 시작했다. 한국 사회의 세태와 정부 정책을 비판하는 활동을 시작했고, '감성의 저편'으로 내 활동 영역을 넓힌 것이다.

그런데 내가 이렇게 길바닥에 나와서 활동하기 시작하자 사람들의 평가가 달라졌다. 복지시설에 다닐 때에는 '천사' 소리를 들었는데, 그때보다 더 큰 이해와 나눔의 결의를 가지고, 밥벌이도 포기하고 활동하며, 정부의 잘못된 정책을 비판하는 활동을 하니 '데모꾼', '종북좌파', '지역발전을 저해하는 세력'이라며 악마 취급을 했다.

억울했다. 지금도 마찬가지이지만 당시에도 나는 특정한 조직이나 단체 없이 무데뽀로 혼자 돌아다녔다. 활동은 하고 싶은데 돈이 없어 교회와 절을 돌아다니며 '시주' 받아 전단지를 만들어 뿌렸고, 시간 날 때에 막노동을 해서 번 돈으로 현수막을 만들어 걸었다. 주머니 사정이 안 좋을 때에는 라면 박스를 찢어 뒷면에 매직으로 문구를 써서 거리에 들고 나갔다. 일 년 365일 쉬지 않고 길거리를 돌아다니며, 비가 오나 눈이 오나, 태풍이 불 때에도 피켓을 들고 전단지를 뿌리고 다녔다. 그런데 사람들에게 손가락질을 받아야 하다니. 상황이 이렇게 되자, 저 멀리 중남미에서, 내가 태어날 즈음부터 이미 나와 같은 고민을 하셨던 분의 말씀이 퍼뜩 떠올랐다.

가난한 자들에게 빵을 주자 그들은 나를 성자라 불렀다.

가난한 자들은 왜 빵이 없냐고 묻자 그들은 나를 공산당이라 불렀다.

— 에우데르 카마라 (1909~1999, 브라질의 가톨릭 신부, 해방신학자)

하지만 사람들이 내 활동을 악마 취급하며 비난한 것을, '위인을 못 알아보는 시대의 한계'라고 단정하는 것은 무리

가 있다. 내 활동의 '질적 수준'이 그런 비난을 초래한 측면도 있기 때문이다.

청소년 가출 권장 캠페인

피켓을 들고 처음 거리에 나서던 2003년경, 내가 길에서 했던 '저질스러운' 캠페인 중 하나가 바로 '청소년 가출 권장 캠페인'이었다. 번화한 버스 정류장에 '청소년들 가출 권장'이라는 문구의 큼직한 현수막을 걸고, 그 앞에서 '청소년들 가출하라!'는 피켓을 든 채 하교하는 학생들을 향해 "여러분, 가출 좀 하세요!" 하고 소리쳤다. 자, 이 대목에서 "악마 취급 받을 만했군" 하고 혀를 차는 독자들 목소리가 들리는 듯하다. 당시 지나가던 한 할아버지는 현수막을 흘낏 보고는 "그렇지, 청소년들 가출하면 안 되지" 하며 고개를 끄덕이고 지나가다가, 문구를 다시 확인하더니 침침한 눈 때문에 잘못 본 것인가 하고 깜짝 놀라는 일도 있었다. 어떤 사람은 나를 미친 사람 대하듯 했다.

물론 대책 없이 청소년들을 가출과 비행으로 내몰려는

처사는 아니었다. 현수막에는 '이런 부모 밑에 있다면 차라리 가출하라'는 글귀와 함께, '공부 안 하는 것만 닦달하고, 이웃과 나누는 미덕이 없는 부모', '잘 벌어먹고 살라고만 강조하지 사회적 책임에 대해서는 일절 이야기하지 않는 부모' 등등의 설명이 빼곡하게 적혀 있었기 때문이다.

이런 문제의식은 거리로 처음 나올 때부터 머릿속에 가득 차 있었다. 사회문제의 이면에 있는 시민들의 정서를 들여다봐야 한다는 것이 내 생각이었다. 첫 캠페인 활동이 '대구지하철 참사'를 보는 시민들의 반응에 대한 비판이었던 것도 그 때문이다.

2003년 대구지하철 참사가 발생했을 때, 정부는 대구시 잘못이라고 떠넘겼고, 대구시는 대구지하철공사의 잘못이라고 책임을 회피했으며, 대구지하철공사 사장은 "기관사의 잘못이지 대구지하철공사 시스템의 잘못은 아니"라고 발뺌했다. 그것을 TV로 보는 시민들은 역시 그들에게 손가락질을 해대고 있었다. 그런데 그렇게 손가락질만 하고 있는 시민들은 어떤 사람들인가? 생활 속의 성실, 사회정의·민주의식이 부족한 이들 아닌가? 오죽하면 아시아 중진국들 중 가장 부패한 나라라는 통계가 나오겠는가? 그 당시 경제규모 대비, 세계에서 자원봉사를 가장 안 하는 국민들이라는 오명까지 찍혀 있지 않은가?

장애인 시설 하나 만들려고 하면 "땅값 떨어진다"며 머리띠를 두르고 데모하는 것을 당연한 것으로 여기고, 그러다 보니 어릴 때부터 적응교육을 받으면 충분히 혼자 자립해서 살아갈 수 있는 장애 아동 중 상당수가 평생 주변 사람의 수발을 받고 살아야 하는 부조리한 사회 아닌가? 사회복지를 전공하며 다양한 분야의 참상을 직접 보고 느낀 분노는 이루 말할 수 없었다. 서해훼리호 침몰 사고(1993년, 사망자 292명), 성수대교 붕괴 사고(1994년, 사망자 32명), 삼풍백화점 참사(1995년, 사망자 502명) 등도 바로 그러한 국민성이 만들어 낸 사고였다.

결국 대구지하철 참사도 '대구지하철'이라는 공간 속에 발생한 하나의 사건일 뿐 아닌가? 다른 수많은 장소에서 한국인이 만들어 내고 있는 또 다른 수많은 부조리가 있었다. 각자의 생활 속의 성실, 사회정의, 민주의식, 봉사의식, 자율정신 등의 부족으로 그 재앙의 씨앗을 키우고 있는 것이 우리 자신이었다. 그런데 당장 '눈에 보이는 사건'만을 두고 서로 손가락질하다니! 내 눈에는 똑같은 참사를 줄줄이 예약해 놓고도 이를 깨닫지 못하는 어리석은 모습들로 보였다. 하다못해 아이들 놀이터에서 깨진 유리병 하나 스스로 주울 줄도 모르는 이들이 TV 화면을 향해 손가락질만 해서야 어떻게 사회정의가 실현되겠는가, 하는 것이 당시 내 과격한 문제의식이었다.

구 시청 번화가에서 '대구지하철 사태의 공범 대한민국 국민'이라고 쓴 피켓을 매고 캠페인을 시작했다. 그것이 내 생애 첫 거리 피케팅 활동이었다. 물론 그 피켓에서 비판하는 '대한민국 국민'의 범주 속에 나 자신도 들어 있었기 때문에, 당시 늦겨울 쏟아지는 비를 추적추적 맞으며 나 자신을 반성했다. 앞으로 비슷한 참사가 이 사회에 발생하지 않도록 '국민정신 개조'를 위해 인생을 내던질 것을 결의했다. 당시의 어쭙잖은 사명감과 엘리트 의식 비슷한 것이 나 스스로를 그렇게 '민족의 스승' 반열에 세운 것이다. 지금 생각해 보면 오금이 저리지만, 그때는 어떤 사명감이 나를 그렇게 내몰았다. 몸무게 50킬로그램 초반대의 빼빼 마른 사내가 어깨까지 내려오는 장발을 한 채 피켓을 들고 우수 가득한 눈빛으로 비에 젖어가는 모습을 상상해 보시라! ㅠㅠ

하여간 그때나 지금이나 세상에 일어나는 어떤 문제를 해결하기 위해서는 '눈에 보이는 것' 너머의 '국민의 심성'을 살펴야 한다는 것을 절감한다. 그리고 지금껏 고민해 온 우리 국민들의 가장 큰 맹점은 감성에 치우쳐 문제를 판단하고, 자기반성 없이 남들에게만 손가락질하는 습성이다. 앞에서 논했던 '독단'에 맥이 닿는 문제이고 일부 진보의 가장 큰 결점이기도 하다. 하여간 나는 그 뒤로 어떻게 하면 독단에서 벗어날 수 있을지 진지하게 고민하게 되었는데, 그 하나의 방법은 '어린이가 되는 것'이었다.

"누가 미친 거요? 장차 이룩할 수 있는 세상을 상상하는 내가 미친 거요? 아니면 세상을 있는 그대로만 보는 사람들이 미친 거요?"

— 세르반테스 (1547~1616, 스페인 작가), 『돈키호테』 중에서

어린이 되기

니체는 "어떻게 인간이 인간다워지는가?"라는 실존의 문제에 대한 답으로 3단계 성장론을 주장한다. 즉 인간은 '낙타'에서 '사자', '어린이'로 성장해야 한다는 것이다.

'낙타의 상태'는 무거운 짐을 등에 진 채 물도 못 마시고 꾸역꾸역 열사의 사막을 걷는 것과 같은 '무한 인내'의 상태이다. 이는 한편으로 관습과 제도에 복종하고 순응하는 태도이다. 인간은 일단 이러한 고행의 체험을 자처하고 견뎌 낼 지구력을 길러야 한다는 것이 니체의 주장이다. 권투선수로서의 역량을 갖추려면 누가 봐주든 안 봐주든 체육관 한 구석에서 꾸준히 스텝 밟는 연습부터 해야지, 링 위에서 주먹만 휘두른다고 되는 게 아니다. 마찬가지로 묵묵히 홀로 비지땀 흘리는 배움과 인내의 과정을 묵묵히 견뎌 내야 비로소 낙타의 상태에서 사자의 상태로 넘어갈 수 있다.

'사자의 상태'는 만인 위에 선 절대권력을 표현한다. 피라미드 꼭대기에 위치한 왕의 삶이다. 기존의 가치와 규범으로 자기 아래에 있는 인간을 호령하는 삶이다. 하지만 피라미드 꼭대기에 오르기 위해서는 단계별로 의자 뺏기 게임에서 살아 남아야 한다. 그 과정에 일등부터 꼴등까지의 줄서기 경쟁에서 낙오하거나, 히스테리와 피해의식에 빠질 위험이 있다. 더구나 피라미드 꼭대기에 올라 절대권력을 누리기 위해서는 하부 세력들을 통제해야 하는데, 역설적이게도 이미 그 자체가 부자유이다.

'사자의 상태'를 넘은 최종적 단계가 바로 '아이의 상태'이다. 그야말로 '노는 상태'이다. 스스로의 규칙을 만들어 제 맘대로 즐기는, 그 어느 것에도 제한받지 않는 무한 창조의 상태이다. 앞선 사자는 동물 왕국의 피라미드의 지배자이기만 할 뿐, 그 이외 세계로의 도약이 불가능하다. 하지만 어린아이는 사자가 만들어 내는 질서마저도 제 맘대로 휘고 꺾고 뒤집고 엎을 수 있다. 즉, 삶을 놀이로 여길 수 있는 상태이다.

원하는 것은 뭐든지 할 수 있고, 하고자 하는 것이 현실이 된다. 산 중턱에 오르다가도 거침없이 내려와 다른 산으로 오를 수 있고, 독단의 늪에 빠져 있다가도 아무렇지도 않게 기어 나온다. 과거의 경험에 자기 존재가 발목 잡히지 않으며, 마음의 균형을 자율적으로 통제한다. 자신이 무슨 정의의 기사가 된 듯 함부로 창칼을 휘두르지도 않는다. 그야말로 천의 얼굴을 가지고 스스로를 원하는 방식으로 규정하는 절대자유의 상징이 바로 어린아이 상태이다. 그 경지에서 독단은 치유되고 '나'라는 존재가 제대로 꽃 핀다.

이 상태에 다다르는 훈련 중 가장 대표적인 것이 명상이다. 명상은 끊임없이 현실을 재단하고 판단하는 대뇌 기능의 작위성을 멈추게 한다. 우리가 경험하는 현재는 있는 그

대로의 객관적인 그것이 아니다. 각자가 그간 살아온 습관, 패턴을 뇌가 반복시킬 뿐이다. 그에 따라 우리가 앞으로 나아가는 길은 그간 걸어온 길의 확장선을 벗어나지 못한다. 기껏해야 피라미드 꼭대기의 사자가 될 수 있을 뿐이다. 하지만 생의 습관, 패턴을 끊어 내는 노력은 우리 삶의 생기를 더하고 인생의 스펙트럼을 넓혀 풍요롭게 한다. 우울과 비관, 독단의 늪에 빠져 허우적거리는 경우라면 더더욱 그렇다.

우리는 아침에 눈을 뜰 때부터 감을 때까지, 끊임없이 뭔가를 구분하고, 재단하고, 계산하고, 판단하고, 규정하며, 바꾸려 한다. 심한 사람들은 자고 있을 때조차도 그 사고 리듬이 이어져 대뇌를 혹사한다. 그 결과 삶이 풍부하고 알차게 되는 것이 아니라, 오히려 건조해지고 편협해지며 독단이 가중된다.

매사에 공식을 적용하듯 하는 '성찰 없는 정의감'이, 남들에게보다 본인 자신에게 해악이 되는 것도 바로 이 지점이다. 오히려 그 리듬과 패턴을 끊는 것, 사사건건 나서서 성에 차지 않는 것을 바꾸지 않으면 견디지 못하는 그 발상 자체를 끊는 것에 더 본질적 정의와 선이 자리하고 있다. 사막 위를 걷는 듯한 타는 목마름, 생의 갈증도 바로 그때 풀릴 수 있다. 해답은 외부가 아닌 내부에 있는 때가 흔하다.

하루에 단 10분, 눈을 감고 사리판단과 '정의구현 의지'를 접어 보자. 아무런 판단을 하지 말고 세상이 있는 그대로 이미 완벽함을 관조해 보자. 세상의 모습에 답답함과 한심함, 울분이 차오르더라도 그 자체가 완벽함을 느껴 보자. 지금 이 자리에서 보이는 세상의 모습은 우주가 만들어진 첫 시점 이후 억겁의 시간과 만물의 작용이 역동한 결과, 가장 이상적으로 구현된 모습이기 때문이다. 거기에는 원자 하나의 흐트러짐도 없다. 그 자체로 완벽하다. 설령 철창에 구속되어 있는 상황이더라도 말이다. 그렇게 현실을 인정해야 앞으로 더 가열차게 나아갈 수 있다. 하지만 보고 싶지 않은 현실을 부정한다. 이 때문에 과거에 발목 잡히고 패배감과 증오에 빠져 아무 일도 할 수 없는 지경에 이른다. 외면하고 투덜대며 남 탓하는 데에만 에너지를 쏟는다. 정신의 뿌리와 삶의 줄기 사이에 소통이 안 된 결과 발생하는 문제이다. 마음의 균형이 깨져 빚어지는 후유증이다. 아이의 유연함을 잊어서 발생하는 폐해이다.

어릴 적 기억을 되찾기 위해 하루 단 10분만이라도 눈을 감고 판단을 보류하자. 인생관을 바꾸고 도 닦으라는 말이 아니다. 단 10분만이라도 스스로의 뇌를 아상(我想)으로부터 해방시키라는 말이다. 그렇게 잠깐 동안 불의에 자신을 방기하고 있다고 해서 세상이 무너지지 않는다. 오히려 잠깐 동안도 판단을 유보하지 못하는 그 여유 없는 정의감이 세상에 더 큰 해를 미친다. 그러니 눈을 감으라. 눈을 감으면 세상이 더 넓어진다. 그 넓어진 공간에서 아이가 마음껏 뛰어놀 수 있다.

병법의 극치는 (용맹한 진격이 아니라) 나를 무형으로 만드는 것이다. 무형이 되면 깊이 숨은 간첩도 엿볼 수가 없고, 아무리 지혜로운 자라도 계책을 낼 수 없다.

— 손자 (중국 춘추시대의 전략가)

사이비 광신의 함정 벗어나기

우스개로 한국은 절대 망할 일이 없단다. '살아 있는 하느님이 40명이나 있기 때문'이란다. 겨우 40명뿐이겠는가. 새로 등장한 신흥 사이비 종교의 교주를 신도들이 신 받들

듯하는 모습이 언론에 심심찮게 보도된다. 최근에는 이 사이비가 우주론, 물리학, 생물학, 철학에 교묘하게 접목되면서 대중들의 지적 욕구를 충족(?)시키고 있다. 지구온난화를 경고하는 기상학 관련 자료를 이용해 종말론을 부추겨 신도들의 재산을 갈취하고, 유사과학을 이용해 만병통치약과 생명수 시장을 확장해 놓기도 했다. 작정한 사람들이 팀을 짜서 벌이는 이 사기극에 정신을 뺏겨 삶이 저당 잡힌 이들이 한둘이 아니다. 문제는, 종교를 '사이비'와 '아닌 것'으로 뚜렷이 나누기 어렵다는 것이다. '가장 사이비적인 것'과 '가장 진실한 믿음' 사이 스펙트럼 위에 각각의 종교집단이 존재할 따름이다. 한쪽 극단이 '사이비'라고 규정될 뿐이고, 스펙트럼의 일정 구간까지는 '잠재적 사이비'라고 보아도 무방하다.

그렇다면 사람들이 사이비의 광신에 빠지는 이유는 무엇일까? 아마도 현실과의 불화 때문일 것이다. 인간은 황폐한 세상 속에 구겨 넣어진 자아를 추스르며 하루하루를 살아간다. 비루한 일상과 타협하고 손바닥에 쥐어질 작은 것들을 위해 양심을 팔아야 하는 현실, 그 속에서 실존은 늘 괴리를 느낀다. 하여 그 답답한 현실을 벗어날 수 있는 어떤 해방구를 갈구하게 된다. 그 와중에 '신'이라고 하는 무한

–영원의 절대 존재를 우러르게 되고, 자아는 압도된다. 그 해방감을 부추기는 교묘하고 조잡한 감성적 기법이 '믿음'이라는 이름으로 신도들에게 맹목성을 요구할 때, '사이비의 광신'이 생겨난다.

이러한 사이비성은 '집단정서'와 '기복정서', '교주추앙'의 삼위일체에 의해 확립된다. 홀로 서지 못하는 타자 의존적 성향(집단정서), 이 괴로운 삶으로부터 구원되어 이상향이 실현되기를 바라는 정서(기복정서), 그 이상향으로 이끌어줄 초인적인 인물을 추종하는 특성(교주추앙)은, 스스로 자립하지 못하는 인간들이 빠지기 쉬운 함정의 연쇄이다.

이것은 단순히 종교에 국한된 것이 아니다. 눈에 보이는 빙산은 그 아래에 있는 훨씬 더 큰 부분이 떠받치고 있는 것처럼, 사이비 종교가 난무하는 현실의 저변에는 '사이비 종교에 빠지기 쉬운 우리의 심성'이 자리하고 있다. 그러한 심성은 다양한 부문에 '사이비'가 스며들게 하는 동인을 제공한다.

대표적인 경우는 바로 정치다. 정치에서 나타나는 사이비의 폐해는 사이비 종교의 그것에 버금가게 참혹하다. 가장 극적인 사례는 박근혜를 신처럼 떠받드는 집단이 보여주고 있지만, 정도의 차이가 있을 뿐 유력 정치인들 주변에는 늘 그러한 문제가 발생한다. 보수는 물론, 민주-진보 진영에서도 특정 정치인들을 지지하는 사람들이 패를 나눠 내부 분열을 가중시키며 서로 싸우는 모습을 흔히 볼 수 있다. 마치 '성전'에 나선 십자군 전사들이 연상될 정도이다. 전체주의와 파시즘을 혐오한다는 이들마저 그러고 있는 모습을 보면 참으로 당혹스럽다.

정치와 결코 따로 생각할 수 없는 시민사회 영역에도 '사이비의 유혹'에 빠진 이들이 부지기수다. 현실과의 불화 속에 신음하던 이들이 자신들을 억압으로부터 해방시킬 것으로 여기는 특정한 '논리', '이상' 체계를 접하면서 이런 사이비의 광신이 생겨난다. 그 논리와 이상을 통해 짓눌림과 고통에서 벗어날 수 있을 것이라는 맹목이 생기면, 그 믿음을 조금이라도 의심하거나 부정하는 이들에 대한 날선 공격이 시작된다. 주저하지 않고 상대를 '화형대' 위에 묶어세운다. 이미 구축된 절대주의 신앙 아래, 과잉과 극단으로 날카롭게 갈아 놓은 창을 마구 휘두른다.

'사이비의 삼위일체'를 깨야 한다. 교주추앙, 기복정서, 집단정서를 극복해야 한다. 앞에서 계속 강조해온 주체, 성찰, 자율의지가 필요한 이유이다. 사이비의 삼위일체는 주체, 성찰, 자율의지라는 항체가 없을 때 침입해 정신을 좀먹는 악성 병원균이다. 그 항체를 강화하는 좋은 방법은 기꺼이 고독을 찾아 떠나는 것이다. 여기서 말하는 고독은 무언가 거창한 철학적 성찰을 뜻하는 말이 아니다. 남들에게 휩쓸리지 않고, 스스로 생각하고 판단하고 실천하며 그 결과를 책임지는 자립적 자세에 대한 은유적 표현일 따름이다. 고독은 다르게 말해 '참 나를 만나는 길'이다. 마음에 굳건한 중심이 없으니 잔바람에도 이리 흔들, 저리 흔들거리는 것이다. 스스로 빛나지 않다 보니 어둠의 표적이 되는 것이다. 그래서 흐리멍청한 아상(我想)들의 도가니에서 서로 휩쓸리기를 끊임없이 반복한다. 이 뭉뚱거려진 집단성을 박차고 나가야 한다.

고독은 치유의 원천일 뿐 아니라 생산과 창조의 원천이기도 하다. 생각해 보라. 홀로 서지 못한 이들이 모여 있는 번잡한 무리들의 웅성거림 속에서 무슨 성취를 이뤄 낼 수 있겠는가. 자신의 주장에 동조해주지 않거나 자기편 들어주지 않으면 견디지 못하는 '격리 불안자'들이 무슨 혁신의 단초가 될 수 있겠는가. 시기와 질투, 분노와 증오에 휩쓸리는 이들이 끊임없이 패를 나눠 분란을 만들어 내는 얽히고설킨 무리가 어떤 희망의 씨앗이 될 수 있겠는가.

그러니 사이비 종교 집단 같은 부잡스러움을 멈추고 박

차고 나가자. 풀벌레 소리에조차 한없는 그리움이 느껴지는 그 고독의 한가운데에서 스스로를 대면하자. (싫음 말구 ㅠㅜ)

내 안에는 나 혼자 살고 있는 고독의 장소가 있다. 그곳은 말라붙은 당신의 마음을 소생시키는 단 하나의 장소다.

— 펄벅 (1892~1973, 미국 작가)

둥글교 해체 비사

2006년부터 8년간 몸무게 절반의 짐을 짊어진 채 길바닥에서 의식주를 해결하며 유랑할 당시, 영양 상태는 물론 몰골이 말이 아니었다. 더구나 하루의 노고를 마치고 길가나 공터 구석에 텐트를 치고 자다가 땅 주인에게 쫓겨나는 고초를 수도 없이 당했다. 저녁에 몸을 눕힐 한 평의 땅도 얻지 못하는 것은 참으로 큰 고초였다. 심지어 교회와 절에 있는 공터나 주차장에 텐트 좀 치자고 했다가도 수시로 박대당하며 쫓겨났다. 아무것도 가진 것 없는 이로서 하루하루 생존의 위협과 괄시를 받아야 하는 절망스러운 현실에 번쩍 의문이 떠올랐다.

"이 시대 나 같은 거지를 두 팔 벌려 환영할, 예수의 사랑과 석가의 자비가 머무는 곳이 어디일까?"

길바닥 생활을 하는 노숙자의 눈으로, 그런 곳이 딱 한 곳 있었다. 공중 화장실이었다. 공중 화장실은 나를 박대하는 여느 교회나 절과는 달리, 빈부와 지위고하를 막론하고 누구나 들어가도 차별 없이 순서대로 쌀 수 있었고, 물을 얻을 수 있었으며, 그 옆에 텐트를 치고 자더라도 누가 쫓아내지 않기 때문이다. 냄새가 좀 날 뿐.

하여 이 시대 예수와 석가의 자비와 사랑이 머무는 공중 화장실을 성전으로 모시는 종교로서 '둥글교'를 창시했다. 세태를 역설적으로 비꼰 것이다. 세상의 가장 낮은 곳에서 자신을 낮추고 반성하는 삶을 살자는 은유이기도 했다. 그렇게 '둥글교 놀이'가 시작되었다. 스스로 '교주'라고 칭하며 '과대망상증 환자'의 특징을 드러냈다. 물론 권위주의에 대한 풍자이면서 자뻑 개그였다. 당연히 둥글교는 조직이나 위계도 없고, 하다못해 번개 모임 같은 것도 한 번 없었다. 각자 자기의 개사료를 짊어지고 가면 될 일이었다.

그런데 어느 때부터인가 나를 상징적 풍자를 하는 퍼포먼스 활동가가 아닌 진짜 교주(?)로 대하는 사람들이 생기기 시작했다. 이상한 분위기였다. 대표적인 예가 "어디어디에 개사료 좀 뿌려 주세요" 하고 요청하는 이들이었다. 물론 그냥 지나가는 말로, 혹은 속상한 마음에 그런 주문을 하는 이들도 있었다. 그럴 수 있다. 그런데 진심으로 그렇게 요구하는 이들이 보이기 시작했다. 요구를 들어주지 않으면 격분해서 비난하거나 페절한 다음, 나를 신랄하게 헐뜯었다. 그런 이들을 수도 없이 접했다. 대한항공 갑질 논란에 "왜 대한항공에 가서 개사료 안 뿌리냐?", 드루킹 사건에 대해서는 "부정선거 문재인 타도에 나서지 않으면서 주제넘게 교주 행세한다" 등등 별의별 이유로 인신공격을 하는 이들이 있었다. 어떤 이는 "시국이 이런 상황인데, 텃밭이나 가꾸고 있다"며 "채소 목을 다 꺾어 버리고 싶다"는 말까지 남겼다. "교주면 교주다운 일을 하라"며 상상도 할 수 없는 폭언과 모함을 일삼는 것이었다.

이해할 수 없었다. 자신이 불만이 있으면 거기 가서 목소리 외치고 자신의 손으로 개사료를 뿌리면 된다! 자기 눈에 부조리가 보이면 스스로 나서서 해결하면 되지, 그걸 왜 나한테 요구하는 걸까. 나는 공무원도 아니고 정치인도 아니다. 더구나 누군가에게 고용된 집사도 아니다. 나는 이명박-박근혜 정권 거쳐 오면서 전과가 열 개나 붙었고, 아직 재판이 끝나지 않은 것도 여러 개 있다. 여태껏 이런 활동에 매진하느라 밥벌이도 제대로 못 하고 가정도 못 이루고 가난한 생활을 꾸려오고 있다. 두 마리 토끼를 잡을 수 없다는 것을 알아 가정 꾸리는 일보다 활동에 올인하겠다고 결의할 때의 그 착잡했던 심정을 그들은 알까.

이런 상황이라면 "그간의 사건으로 허구한 날 재판 받으러 다니려면 중압감이 얼마나 심한가. 이제는 내가 바통 이어받을게", "벌금 나올 때마다 몸빵하려고 교도소 들어가는 모습 안쓰러우니 이제 내가 그 짐을 나눠 짊어져 볼게" 하고 나서주면 안될까. 그런데 도리어 비난이라니.

사회 전 분야에 퍼져 있는 그런 유형의 사람들의 특성을 이해해야 했다. 그래야 나 같은 애꿎은 사람들이 조금이라도 욕을 덜 먹을 것이기 때문이다. 머리에 쥐가 나게 연구했다. 어느 때부터 그들의 모습이 눈앞에 조금씩 보였다. 그들은 자신들의 자유와 책임을 나한테 맡겼던 것이다. 나를 자신들 삶의 집행자쯤으로 여겼던 것이다. 진심으로 나를 교주로 여기고, 내가 자기 인생의 문제를 해결해 주기를 바랐던 것이다. 그렇다 보니 교주가 자신들이 원하는 방식대로 일을 대신 해 주지 않으니 배신감을 느끼고 격분했던 것이다.

이런 문제가 누적되니 더 이상 둥글교 롤플레잉의 의미가 없어졌다. 마침내 6년간 이어온 둥글교를 해체했다. 공중 화장실을 성전으로 여기고 각자의 생활 속의 가장 작고 비루한 실천부터 하자는 소박한 외침이 그들 광신도들 때문에 무색해졌기 때문이다. 하물며 이렇게 혼자 하는 '자뻑 교주 놀이'도 버겁게 만들 정도이니, 사회에 막대한 영향을 미치는 정치인 추종자 무리가 빚는 행태는 말할 나위도 없다.

세상이 변했으면 하는 열망은 크지만 실제로 변화할 가능성이 안 보일 때, 그 메울 수 없는 간극 때문에 조바심을 느끼고 좌절하고 무너지는 것은 많은 인간이 보이는 특성이다. 가뜩이나 이상은 높은데 실천력이 없는 이들일수록 '한 방'으로 세상이 변하기를 바라고 걸출한 지도자가 나타나 부조리한 세태를 바꿔주기를 갈망한다. 그 맹목적 추종주의와 공허한 이상주의를 치유할 수 있는 유일한 방법은 '생활 속의 작은 실천'이다.

하지만 높은 이상만 가진 이들은 생활 속의 작은 실천에는 눈이 안 간다. 폼이 안 나기 때문이다. 이 때문에 한 방에 세상을 바꿀 걸출한 지도자를 찾아 헤매는 악순환을 반복한다. 그것을 해결해 줄 것 같은 지도자가 눈에 보이면 그에게 자신의 자유와 책임을 양도한다. 사이비의 광신이 만연하는 이유이다. 보수는 물론이거니와 민주-진보 진영 내부에도 유력한 정치 지도자를 두고 같은 일들이 벌어지고 있다. 이러한 정치인 추종자 집단끼리 일어나는 싸움은 말릴 방법이 없다. 이 역시 주체가 제대로 깨어나지 못했기에 빚어지는 부조리이다.

> 당신 스스로가 당신이 세상에서 보고자 하는 변화가 되어라.
>
> — 마하트마 간디 (1869~1948, 인도의 정신적·정치적 지도자)

한국인의 저력

언론에 자주 보도되는 우리 사회 부조리 기사에만 병적으로 집착하거나, 스스로 한국인임을 부끄럽게 여기고 자학하는 것이 마치 지식인의 소양인 양 떠벌리려고 이 책을 쓰는 것은 결코 아니다.

한국인들에게는 많은 장점이 있다. 특유의 승부욕과 적응력이 있고, 사람 사이의 예의를 지킬 줄 알며, 정이 많고 부지런하다. 일제 침탈과 전쟁으로 폐허가 된 땅에 희망을 일구고, 무질서와 폭력이 만연하던 사회에 불완전하나마 평화와 자유가 도래하게 한 것도 바로 그러한 역량 때문이다. 우리의 핏속에 녹아 있는 그 생명력은, 지금 이 책을 읽고 있는 독자를 시베리아나 아프리카의 척박한 땅으로 유배 보내더라도 잘 적응해 살게 할 것이다. 930여 차례의 외침을 모두 이겨 낸 우리네 근성이기도 하다.

참으로 미스터리한 사실은, 그처럼 무수한 전란을 겪어 온 피해의식 탓에 민족성이 까칠하고 흉포하게 바뀌었을 만도 한데 전혀 그렇지 않다는 것이다. 한국인들은 그 많은 역사적 참화에도 오히려 평화에 대한 남다른 감수성을 가지고 있다. "인간이 하늘과 다르지 않다"며 사람에 대한 차별 없는 사랑과 평등을 기치로 내건 동학이 조선사회에 뿌리내릴 수 있었던 이유이다. 일제강점기에 온 민족이 하나로 단결해 벌인 비폭력 저항 투쟁인 3·1운동은 세계사에 기록된 평화운동이다. 이 때문에 600명이 학살당하고 1만 명이 체포되었지만 평화에 대한 우리 민족의 열망은 꺾이지 않았다. 이 운동이 중국의 5·4운동과 간디의 비폭력운동에 끼친 영향도 지대하다고 한다. 100만 명이 넘게 한 장소에 모여 반정부 촛불집회를 하면서도 약탈과 폭동이 일어나지 않는 세계 유일, 역사 유일의 나라가 바로 우리나라다. 외국인들은 사람들이 한자리에 그렇게 많이 모였는데도 사건·사고가 일어나지 않았다는 것을 도무지 이해할 수 없다고 했단다. 심지어 시위대는 방패를 들고 있는 경찰들에게 음료까지 건넸다. '세계 8대 불가사의'에 오를 일이다. 국제행사가 벌어질 때마다 질서정연하고 솔선수범하는 모습으로 세계인들의 부러움을 사는 것도 유달리 평화를 사랑하는 민족성 때문이다.

하지만 우리는 마냥 부드럽고 평화로운 사람들이기만 한 것은 아니다. 필요할 때에는 머리빡 터지게 싸운다. 안중근 의사를 보라. 혈혈단신으로 적진의 한가운데로 들어가 목숨을 걸고 실행한 거사는 세계 역사의 판도를 바꿨다. 심지어 중화인민공화국의 탄생에 안중근 열사의 의거가 중요한 역할을 했다는 설도 있다. 중국인들은 변방의 작은 나라에서 목숨을 건 위대한 거사가 있었음에 일종의 열등감을 느꼈고, 이후 무창봉기(1911년)를 거쳐 봉건왕조를 무너뜨린 신해혁명(1911년)에 모종의 영향을 줬다는 것이다. 중화민국 초대 총통에 오른 군벌 위안스카이까지 안중근 의사를 기리는 시를 썼을 정도였다.

"(상략) 평생을 벼르던 일 이제야 끝났구려. 죽을 땅에서 살려는 것은 장부가 아니고말고. 몸은 한국에 있어도 세계에 이름 떨쳤소. 살아선 백 살이 없는데 죽어서 천 년을 가오리다."

안중근 의사 이야기는 중국에서 연극으로까지 만들어져 유행했는데, 전 중국공산당 주은래 총리와 그의 부인도 학창시절 안중근의 연극에 함께 참여했을 정도였다. 주은래 총리는 중국과 조선 민중의 합작 항일 투쟁은 안중근 의거로부터 시작되었다고 공공연히 주장할 정도였다. 그야말로 안중근 광풍이었다.

그런데 일제 강점기에 대의를 위해 목숨을 건 인물이 안중근 의사만 있는 것이 아니다. 윤봉길, 유관순, 남자연, 이봉창, 조명하, 민영환, 나석주, 이준, 박승환 의사 등 직접 목숨을 내던진 항일운동가들뿐만 아니라, 역사 곳곳에 그러한 불멸의 이름이 기록되어 있다. 이러한 불굴의 투쟁력은 민족성의 영향이다. 우리의 핏속에는 저력이 있고, 그중 몇몇의 몸을 통해서 그것이 실현되었을 따름이다. 멀리 갈 필요도 없다. 여느 나라와 달리 자식들을 위해 목숨도 내놓을 준비가 되어 있는 부모들이 많은 것 역시 헌신의 의지가 핏속에 흐르는 결과일 수 있다. 우리는 이렇게 평화를 사랑하는 민족이면서, 필요할 때에는 나서서 목숨 걸고 싸우는 전천후 민족이다.

하지만, 한편으로 외세에 의해 짓눌린 역사의 질곡 속에서 우리의 사회심리적 성격이 뒤틀린 부분이 있다. 이 때문에 적지 않은 이들이 싸워야 할 때에는 싸우지 않고 정작 화합해야 할 때 싸우며 불화한다. 집단의 가치와 대의명분을 위해 목숨을 걸기는 할지언정, 개인의 주체에 대한 이해가 부족하다. 그렇다 보니, '애국'과 '진보'의 기치를 내걸고 개인성을 짓밟는 일들이 부지기수로 발생한다. 그 때문에 이 책은 개인의 주체와 자율의 가치를 침해하는 문제를 집요히 물고 늘어지는 것이다. 한국인의 수많은 장점을 빛바래게 하는 가장 큰 맹점 말이다.

타인의 자유를 부인하는 자는 그 자신도 자유를 누릴 가치가 없다. — 에이브러햄 링컨 (1809~1865, 미국 제16대 대통령)

'나'라는 신성불가침 영역

주체와 자율은 자존감에서 시작된다. 그런데 남들로부터 쉽게 상처를 받고, 남에게 쉽게 상처를 주는 사람들은 대체로 자존감이 발달해 있지 않은 특성이 있다. 작은 일에도 격분하고, 아무런 악의도 없는 상대의 말에 무너지며, 그에 따라 보복과 원한의 마음을 늘 갖는다. 부족한 자존감을 숨기기 위해 자신이 발산하는 분노와 증오를 거창한 대의와 연결하며 복잡한 갈등을 만들어 내기도 한다. 사이비 종교·정치의 함정에 빠지는 것도 그 때문이다. 이러한 낮은 자존감은 자신을 계속 황폐화한다. 한 번도 스스로를 제대로 대면해 본 적이 없는 이들일수록 그 폐해는 극심하다.

자신의 모든 경험과 기질, 인격을 벗겨 내고 남는 순수한 존재의 영역이 있다. 바로 이곳에 인간의 근원적인 존엄이 있다. 내가 과거에 얼마나 학대를 받아왔건, 어떤 나쁜 짓을 했건, 그래서 사람들로부터 얼마나 손가락질을 받아왔건. 반대로 내가 과거에 얼마나 기품 있고 교양 있는 가정교육을 받아왔건, 세상에 좋은 일을 많이 했건, 그래서 남들로부터 존경을 많이 받아왔건 전혀 관계없이. 이 모든 것들을 다 벗겨 내고 그 안에 순수하게 남아 있는 바로 그 영역이 인간을 존엄하게 하는 것이다. 이는 내 명예와 가치, 내 신체와 경험에 전혀 상관없는 절대의 영역이다.

이것은 언제 어느 때나, 내 지위와 평판과 사회적 입지에 상관없이, 내가 교도소에 들어가 있거나 병원에 전신마비 환자로 누워 있는 것과도 전혀 상관없이, 내 자신을 절대적으로 존엄하게 만든다. 이러한 존엄은 주변의 누구도, 나를 지금 묶어서 고문하고 있는 저 권력의 하수인들마저도 빼앗아 갈 수 없다. 이러한 존엄을 부정하며 자학의 함정에 빠진 나 자신도 앗아갈 수 없으며, 심지어 만물을 관장하는 신마저도 손댈 수 없는 영역이다. 이것을 제대로 들여다보는 혜안을 갖는 것에 우리 삶의 평안이 있다. 우리의 선조들은 이를 '인(仁)' 혹은 '성(誠)'이라 불렀다.

자신감을 잃으면, 온 세상이 나의 적이 된다.

— 랠프 월도 에머슨 (1803~1882, 미국의 시인이자 사상가)

2

기초

동양의 고수들

동양의 정신이 필요하다

우리는 산업화 과정에서 무차별적이고 강압적으로 서양의 기계론적 문화에 잠식되었다. 시골의 초가 지붕을 걷어내 슬레이트 지붕으로 바꾸고, 흙바닥을 시멘트로 덮으며, 우리 삶의 하드웨어를 뜯어고치면서 동시에 우리의 정신도 서양화되기를 강요당했다.

서양 정신의 대표적인 것은 눈에 보이는 것만 맹신하는 실용주의, 어떤 현상을 단순히 대립하는 성질로 가르는 이분법, 무한경쟁 체제에서 살아남기 위한 경쟁주의이다. 우리 선조들은 배만 부르면 그걸로 만족하며 유유자적 정자에서 시를 읊조리며 존재의 이치를 탐구하기를 좋아했고, '새옹지마'처럼 끊임없이 변하는 세상사를 관조했으며, 없는 살림에도 콩 한 쪽을 나누는 것을 좋아하는 민족이었다. 하지만 서양식 문화는 이러한 여유로운 삶의 행태를 송두리째 바꿔 내며 다양한 갈등과 분란을 조장했다.

문제는 그 서양 문화가 오랜 기간 시행착오를 거치며 옮겨진 것이 아니라, 안 맞는 옷을 억지로 입힌 것처럼 아날로그 기판 위에 디지털 신호를 주입한 모양새였다는 것이다.

서양의 산업주의는 효율과 실용성을 중시하고 직선적 시간관을 맹신한다. 그렇다 보니 인의(仁義)를 중시하며 돌고 도는 원형적 시간관을 가진 동양의 농경문화에 이식되는 과정에서 부작용이 생기지 않을 수 없었다. 특히 기술주의, 군사주의에 대한 열등감은 서양문화를 무비판적으로 수용했기에 더욱 무리가 따랐다.

이 와중에 서양식 실용주의는 "결과만 좋으면 된다"는 결과주의로 바뀌었고, 이분법은 "나는 맞고 너는 틀리다"는 독단주의로 변질했으며, 경쟁주의는 승자독식과 약육강식의 사회상을 만들어 내는 데 일조했다. 개인과 개인, 집단과 집단에 대한 대립을 자연스레 여기고 이익을 위해 수단과 방법을 가리지 않는 것을 당연한 것으로 여기게 되었다. 불과 얼마 전까지도 아시아 중진국 중에서 가장 부패한 나라라는 통계가 나오고, 사회 시스템의 골격이 정경유착이며, 사회적 약자를 위한 안전망은 경제수준 대비 OECD 최하위 수준이라는 평가가 나왔다. 여러 집단 간의 대책 없는 경쟁과 분열이 사회를 잠식하며 전 국토가 쓰레기장이 되고 있는 현실도, 맞지 않는 옷을 억지로, 서둘러 끼워 입은 후유증일 수 있다.

반면, 동양식 사고는 인간의 심성을 닦고, 인간과 자연이 어우러져 조화를 이루는 것에 관심을 둔다. 이러한 동양의 사고는 서양식 실용주의와 이분법, 경쟁주의를 압축 수용한 오늘날 우리 사회의 부작용을 중화시킬 수 있다. 맞지 않는 옷에 몸이 부대끼는 피로감을 줄이기 위해서도 동양의 정신을 다시 음미해야 한다. 무엇보다 정신의 균형이 깨져 있는 현대인들을 위해 동양 고전은 좋은 치료제가 될 수 있다.

만물이 아울러 자라되 서로 해하지 아니하며,
도가 아울러 행하되 서로 거스르지 않는다.
작은 덕은 냇물이 흐름이요, 큰 덕은 돈독히 화합함이니,
이는 천지가 아울러 크게 되는 것이다. —『중용』 30장

중용과 실천

유교의 경전 『중용』 1장에는 다음과 같은 가르침이 있다. "희로애락이 아직 발현되지 않은 상태를 중(中)이라 일컫

고, 그것이 발현되어 상황의 절도에 들어맞는 것을 화(和)라 고 일컫는다. 중(中)이라는 것은 천하의 큰 근본이요, 화(和)라는 것은 천하 사람들이 달성해야만 하는 길[道]이다. 중(中)과 화(和)를 지극한 경지에까지 밀고 나가면, 천과 지가 바르게 자리를 잡을 수 있고, 그 사이에 있는 만물이 잘 자라게 된다."

풀어 보자면 이런 내용이다. 사람은 일상에서 흔히 희로애락 감정을 드러내는데, 그 감정이 아직 드러나지 않은 상태를 중(中)이라 하고, 그 감정이 절도에 맞게 드러나는 것을 화(和)라 한다. 중(中)이란 존재의 심연이고, 화(和)는 그 심연의 현실화이다. 이 양극단이 최적으로 작용할 수 있게 하면, 인생사 '오케이'라는 것이다. 이것이 바로 『중용』의 핵심 가르침 중의 하나이다. 그런데 풀이를 해도 이해하기가 쉽지는 않다.

우리는 여태껏 인간의 마음이 감각 작용의 결과라는 얘기, 의식의 기반에 무의식이 있다는 얘기, 마음이란 한낱 뉴런에 의한 신경작용이라는 얘기 등을 무수히 들어왔다. 이는 서양철학과 과학이 이뤄놓은 형이상학적 직관주의와 기술주의의 바탕이 된 사고들이다. 우리가 워낙 그것에 길들여져 있다 보니, 인간의 마음을 다양한 복합변수들의 아날로그 작용으로 묘사하는 동양철학적 분석이 오히려 낯설게 느껴질 수밖에 없다. 그러니 처음 들으면 도무지 이해할 수도 없고, 이해하려고 해도 서양식 사고의 필터로 걸러져서 원래 뜻이 왜곡되는 경우가 허다하다.

그 서양적 디지털리즘과 이분법의 대표적 해악이 바로 중용-중도의 의미를 '이것도 아니고 저것도 아닌 중간 상태', '기계적 균형 상태'로 오해하는 것이다. 안 그래도 존비귀천, 사농공상, 장유유서 등으로 사람 차별을 제도화하고, 가부장제와 왕정의 이념적 골격이 된 유교에 대한 안 좋은 이미지가 있는 터라, 이 중용-중도의 개념에는 기회주의자, 회색분자의 이미지가 덧씌워졌다.

하지만 중용의 의미는 그와는 다르다. 중용은 쉽게 풀어보자면 발사된 누리호와 같다. 누리호는 매 순간, 매 위치에서 끊임없이 계산을 한다. 수십 톤의 쇳덩이를 우주로 올려 보내기 위해 엄청난 추진력을 만들어 내야 하는데, 단순히 수직으로 세워 연료를 분사시킨다고 대기권 너머로 날아가는 것이 아니다. 중력과 풍향, 예기치 못한 연소, 기체 진동 등을 매 순간, 매 위치에서 계산해 엔진의 방향을 미세하게 조정해 틀어진 각을 보완하여 균형을 잡아야 한다. 잠깐의 실수로 기체가 틀어지면 우주로 향하는 꿈은 허사가 된다. 중용도 이와 같다. 중용은 어떤 한 순간의 산술적 중간값이 아니라, 변화무쌍한 인생살이 속에서 균형을 잡기 위한 미세한 떨림 같은 것이다.

어떤 문제가 사회구조적 모순에서 시작된 문제인지, 인간의 실존에 기반한 문제인지, 그래서 사회적 투쟁을 해야 할지 내면의 성찰에 집중을 해야 할지, 싸워야 할지 말아야 할지, 싸워야 할 상황이라면 이길 힘이 있는지 없는지, 힘이 없다면 배수의 진을 치고 목숨 걸고 맞서야 할지, 아니면 마음속으로 칼을 갈고 모욕을 참아 내며 힘을 더 키운 후 나서야 할지, 앞서 나서야 할지 한발 물러나 상황을 관조해야 할지……. 다양한 변수들을 놓고 이 비율을 어떻게 배분하고 종합하고 삶 속에 실현해야 할지, 면밀하고 심도 깊은 계산으로 가장 적절한 변화의 작용점을 찾는 것이 중용의 묘미이다. 힘도 없고, 능력도 없고, 의지도 없고, 실천력도 없는 주제에 조바심과 분노, 증오에 못 이겨 거창한 대의와 자기만의 정의감만을 남발하며, 획일적이고 절대적인 이상을 남에게 강요하면서 스스로와 세상을 좀먹지 않기 위해서는 중용을 배워야 한다.

물론 중용 철학은 과거에 정립된 사상이기에 현재의 시대상에 맞지 않는 부분이 있다. 하지만 고리타분한 얘기는 털어 버리고 지혜의 핵심을 취하면 된다. 또한 애초 순수했던 가르침이 세월이 흐르면서 지배계층에 의해 왜곡되고 편집되어 봉건체제를 떠받히는 사상적 골격으로 활용되었기에 우리가 전통 사상에 편견을 갖게 되었다는 사실도 고려해야 한다. 역사의 질곡과 고전에 대한 편견을 걷어내고 중용에서 말하는 '중도'를 지금에 맞게 다시 음미할 필요가 있다. 그러면 작금의 남과 북, 진보와 보수, 진보 내부, 이웃 간, 가족 내, 내 안의 갈등과 분열을 극복할 수 있는 소통과 화합의 고리를 찾을 수 있다. 중용에 이런 잠재성이 있다 보니 주자는 중용을 다음과 같이 풀었다.

"중(中)은 치우치지 않고 기울어지지 않으며, 지나침과 미치지 못함이 없음의 이름이고, 용(庸)은 평상함이다."

중용은 우리가 윤리 수업이나 사극에서 종종 들어왔던 오상지덕(五常之德, 다섯 가지 사람의 도리)인 인의예지신(仁義禮智信)과 심성의 근본인 성(誠)를 어떻게 삶 속에 발현시켜야 할지를 다루는 방법론에 관한 것이다. 중용이 인간성 실현을 위한 그 모든 유교철학을 종합하는 것은 당연하다. 그래서 사서삼경 중에서도 가장 위대한 말씀을 담은 경전으로 평가된다.

그렇다고 중용을 깊이 공부하는 것은 이 책의 취지를 넘어서는 것이고 내 능력 밖의 일이다. 다만 앞 장에서 논한 바들을 어떻게 실천으로 옮기고 체화할 것인지를, 중용을 비롯한 동양철학의 가르침들과 접목하여 간략히 다루고자 한다.

도는 사람에게서 멀리 있지 아니하다. 사람이 도를 실천한다 하면서 도가 사람에게서 멀리 있는 것처럼 생각한다면 그는 결코 도를 실천하지 못할 것이다. —『중용』 13장

분노와 증오

앞서 감정이 상황에 맞게 절도 있게 드러나는 것이 중용임을 거론했는데, 그런 면에서 현재 사회 곳곳에서 보이는 분노와 증오의 홍수는 그 중용이 깨진 사회 병리 현상의 일면이라 할 수 있다.

분노를 다스리지 못하면 이는 증오로 변질되고, 그와 어우러지는 공포와 함께 모든 존재를 부정하는 냉소주의, 허

무주의, 파괴주의로 치닫게 된다. 그렇게 자기 균형이 깨지는 순간 이상을 향한 투쟁은 빛바랜 구호로 퇴색하고, 스스로 건사할 수 없는 존재로 전락한다. 나 역시 해결되지 않는 문제가 불만이 되고, 그 불만이 분노로 변하고, 그 분노가 다시 증오로 성장하는 경험을 하곤 한다. 세상을 바로 세우겠다는 열정이 오히려 세상을 망가뜨리는 가장 파괴적인 무기인 증오로 변질되는 것이다.

특히나 이 분노와 증오는 뭉뚱그려져 한 덩어리가 되는 특성이 있다. 그게 어디서부터 생겨난 것인지, 나를 향하는 것인지, 타인을 향하는 것인지, 그 원인과 이유, 목적에 대한 실마리는 다 증발하고 정제된 결정체만 남는다. 그러다 어떤 계기로 도화선에 불이 당겨지면 어김없이 폭발한다. 그것이 분노와 증오를 일으킨 원인인지 아닌지, 혹은 적절한 대상을 향한 것인지는 전혀 중요하지 않다. 압축된 분노와 증오는 일단 그렇게 난데없이 폭발한다. 이쪽에서 뺨 맞고 저쪽에서 화풀이하는 식이다.

이러한 폭발은 그야말로 소모적이고 분열적인데, 가령 어렸을 적 학대를 당해 응어리진 분노가 독재 정부에 대한 저항으로 발산되는 것은 그래도 건전한 방향의 분출이라 할 수 있다. 하지만 자기와 생각이 다른 사람들, 자기를 인정해 주지 않는 사람들을 향해 난데없이 폭발하는 분노와 증오는 엄청난 갈등과 사회적 비용을 불러온다. 그러므로 우리는 세상을 밝히기 위해 들었던 촛불로 자신의 내면을 스스로 비추는 노력도 함께 해야 한다. 타도의 기치를 높였던 그 어둠이 내 안에 도사리고 있을 수도 있기 때문이다.

"악마를 굴복시키려면 자기의 마음을 다스려라. 자신의 마음이 잘 다스려지면 모든 악마들이 스스로 물러갈 것이다. 남의 횡포를 누르려는 사람은 먼저 자신의 혈기를 다스려라. 스스로 자신의 마음을 다스려 평화로워지면 외부로부터 횡포가 침입하지 못할 것이다. (중략) 분노의 불길과 욕망의 물결이 무섭게 끓어오르는 순간에는, 누구라도 이를 알고 있으며, 또 알고 있으면서도 범하고 만다. 아는 것은 누구이며 범하는 것은 또 누구인가? 그 순간 강력히 생각을 바꾸면 마귀도 문득 변하여 참마음이 된다." (『채근담』)

걷잡을 수 없는 분노와 증오가 인간을 해롭게 한다는 생각은 동서양에 공통하다. 17세기 프랑스의 격동기를 거치며 소송과 투옥, 추방에 시달리며 반대파와 싸웠던 프랑수아 드 라로슈푸코(1613~1680)는 자신의 경험에 입각해 다음과 같이 후세에 당부했다.

"우리들의 증오심이 너무나 격심하면 그것은 우리들이 미워하는 사람보다 우리 자신을 더 하찮은 사람으로 전락시킨다."

이 증오가 만연하는 세상에서 내가 마주한 분노와 증오에 잠식되지 않을 방법을 찾아야 한다. '죄는 미워하되 사람을 미워하지 말라'는 말이 있다. 이를 잊고 사람을 증오하기 시작하는 순간, 그리고 그것이 습관이 되어 다른 사람들이 잘못을 할 때마다 사람에 대한 증오를 품는 순간, 세상은 아비규환이 된다. 상대방도 내 잘못에 대해 증오로 갚을 것이기 때문이다.

내가 이 사회의 갈등과 분열, 파괴의 씨앗을 퍼뜨리는 사람이 아닌, 아우름과 화합, 성장의 동력이 될 길을 찾아야 한다. 그런 면에서 어쩌면 증오가 만연하는 이 시대 중용은 정의의 다른 이름이다.

태양은 어둠 속에서 빛을 내지만 결코 어둠에 의해 빛을 잃지는 않는다. — 디오게네스 (고대 그리스 철학자)

말 한마디의 책임

집회장에서 어떤 문제에 대한 결의를 밝히면서 "죽을 때까지 함께하겠습니다" 하는 식의 연설을 하는 단체 대표들을 종종 보게 된다. 하지만 무대 위에서 했던 그 '피 끓는 결의'가 일상에서 꾸준히 실천되는 경우를 별로 보지 못했다. 다음 집회가 열리면 또 비슷한 발언을 반복하는데, 그 사이 별다른 활동은 보이지 않는다.

공허한 말잔치를 즐기는 것이 습관이 되면, 언어 중추만 발달하고 현실 감각이 떨어진다. 미사여구와 거창한 이념을 떠벌리는 데 반비례해서 실천력이 감소한다. 밤새 나라와 겨레의 미래를 걱정하는 '구국의 결의'를 했는데, 그깟 전단지 한 장 뿌리러 나갈 의지가 생길 수가 없는 것이다. 그러한 이들일수록 현실과 정신이 괴리되어 있고, 자신의 '절대정신'에 맞지 않는 이들을 폄하하며, 남의 공간을 기웃거리며 훈수를 두는 등 쓸데없는 갈등과 잡음만 불러일으킨다.

거창한 주장이야 누가 못 하는가. 그것을 실현하기 위해 얼마나 헌신하고 위험부담을 감수할 수 있는지가 관건이다. 나를 예로 들어 설명하면 쉽게 이해가 될 것이다. 나는 어디 소속되지도 않고, 잃을 것도 없는 사람이다. 하여 2014년 세월호 참사 당시부터 "세월호 진실 밝혀내고 박근혜를 몰아내자!"는 식의 주장을 아무런 위험부담 없이 백 번이고 천 번이고 할 수 있었다. 하지만 그렇게 아무런 위험부담 없이 내가 허공에 대고 외친 소리보다, 어느 영화제에 무명배우가 달고 나왔던 세월호 추모 배지 하나가 더욱 묵직한 울림을 만들어 냈다. 그 배우는 나와는 비교할 수 없는 큰 위험부담을 감수해야 했기 때문이다. 문화예술계 블랙리스트에 오를 수 있고, 정권에 알아서 기는 PD들은 그런 배우를 섭외하지 않을 수 있다. 이런 터에 내가 "세월호 배지 하나 달고 다니는 소극적인 행동으로 정권이 바뀌는 것이 아니다. 배우들도 국민의 책임을 다해야 한다. 무대를 점령해 나처럼 '박근혜 타도'의 목소리를 외쳐라!" 하며 '정의의 깃발'을 높이 들었다고 해 보자. 이 얼마나 우스운 얘기인가.

그 아랫부분을 헤아리지 아니하고 그 윗부분만 나란히 놓는

다면 사방 한 치 되는 나무를 가져가도 잠루(높은 다락집)보

다 더 높게 할 수 있다. 쇠가 깃털보다 무겁다는 것은 어찌 대못 하나와 한 수레의 깃털을 말하는 것이겠는가. —『맹자』

하지만 이러한 문제의 경중을 따질 여력이 없는 이들은 "나는 이렇게 정의를 세우기 위해 목소리를 높이는데 당신들은 뭐하고 있냐?"며 격분한다. 이슈와 현안이 있는 장소에는 어김없이 이러한 원망이 끊이지 않는다. 위험부담 없는 거창한 미사여구를 늘어놓으며 남들을 떠미는 행태가 유행하고 있다. 정작 써야 할 곳에 힘을 안 쓰니 힘이 남아돌아 엉뚱한 데 쏟아붓는 것이다.

쓸데없는 주장이나 거창한 결의, 맥락 없는 말잔치보다 스스로가 책임질 수 있는 말을 하는 습관을 들여야 한다. 지금 우리가 사는 사회는 주의주장, 결의, 대안이 없어서 이 모양이 된 것이 아니다. 오히려 그것이 차고 넘쳐서 혼탁해진 상태이다. 지금 우리에게 부족한 것은 바로 그 이념과 대안을 실현하기 위한 생활 속의 자잘한 실천이다. 그러한 실천이 거름이 되어 뿌리를 내리고, 새싹을 틔우고, 줄기를 뻗고, 나무가 되고 숲이 되도록 만드는 노력이 필요하다.

“이제 우리 사회는 바뀌어야 한다”, “부조리는 일말도 허용하지 않고 다 척결해야 한다”, “철저한 혁명을 통해서 새로운 세상을 실현하자”는 따위의 얘기는 누구나 할 수 있다. 그런 말을 하면 멋져 보이고, 그런 결의만 가득한 얘기는 실천하지 않는다고 누가 뭐라고 하거나 양심의 가책을 받지는 않기 때문이다. 더군다나 국가 중대사에 대한 거창한 얘기를 쏟아내면 뭔가 큰일을 하는 것 같고, 특별한 권능이 있는 듯한 ‘착시 효과’가 생겨난다. 그래서 더욱 그 말잔치를 즐기게 되는 것이다.

반면 “나는 일주일 동안 전단지 오백 장을 뿌리겠다”, “일주일에 한두 번 피켓은 들어야지”, “어떤 실천 활동을 해야지” 같은 자잘하고 구체적인 얘기는 쉽게 하지 않는다. 이는 별로 폼도 나지 않을 뿐만 아니라, 앞의 거창한 얘기와는 달리 실천적 노고가 따르기 때문이다. 결과가 보이기에 남들로부터 지적 받을 부담도 따른다. 하지만 그렇기에 중요한 것이다. ‘생활 속의 작은 실천’은 하늘로 붕 뜬 정신이 땅바닥과 이어지게 하는 중요한 통로이다. 관념을 물질화하는 연금술의 마술봉이다. 원대한 이상은 구체적 실천을 통해서 실현된다.

모든 사물에는 본(本, 사물의 근간)이 있고 말(末, 지엽적인 것)이 있으며, 일에는 시작과 끝이 있다. 본말, 시종의 선후를 알면 곧 도에 가깝다고 한다. —『대학』

변화의 시작점

불과 삼십여 년 전까지만 해도 권력은 물리적 힘에 의해 창출되었다. 이 힘을 얻기 위해 군부 독재자들은 노골적인 폭력을 남발했고, 이에 대항한 물리적 저항력 또한 혁명가의 미덕이었다. 이 때문에 당시 '민주 투사'들은 그야말로 목숨 걸고 투쟁해야 했다. 내가 만약 그 시대에 태어났다면, 가슴에 손을 얹고 말하건대, 민주화 운동 안 하고 피해 다녔을 것이다. 어쩔 수 없이 발을 담갔다가 공안 당국에 체포되었다면 고문당하기 전에 동료들 이름 다 불어버렸을 것이다. 왜냐하면 나는 아픈 것을 싫어하기 때문이다. 어차피 맞고 나서 불 것은 확실한데, 굳이 맞을 필요가 있는가 ㅠㅜ

반면 여론(표)에 의해 대권이 좌우되는 오늘날, 권력자들은 언론과 교육 분야에 대한 집요한 조작에 몰입하고 있다. 따라서 이러한 시대에 맞는 투쟁가의 자질이란 과거와 같은 목숨을 건 물리력보다는 대중들에게 '현실을 알리는 능력'이다. 기득권층은 언론과 교육을 장악하고 있기에, 일상으로 파고들어 대중들에게 사실을 알리는 능력이 활동가에게 필연적으로 요구된다.

결국 우리 사회가 더 낫게 변하기를 바라는 현대의 투쟁가=활동가의 미덕이란 귀찮음, 게으름, 짜증, 쪽팔림을 참아 내고 꾸역꾸역 동네를 돌며 전단지를 뿌리거나 길가에서 1인 시위를 할 수 있는 능력으로 귀결된다. 로또 당첨을 꿈꾸듯이 현실을 '한 방에 뒤집으려는' 조급한 생각을 버리고, 풀을 뽑고 밭을 갈며 고랑을 내, 한 알 한 알 씨를 뿌리는 농부의 마음이야말로 이 시대에 맞는 진정한 혁명가의 모습이다.

너도나도 먹고사는 것에만 관심 있어 사회정의에 대한 외침에 둔감한 세태에, 그러한 '무심'은 군부 독재 시대에 쌓은 철벽과 같이 우리 앞을 막고 있다. 따라서 '무심의 세태'에 굴복하지 않고 자신의 깃발을 들고 묵묵히 앞으로 전진하는 자세는 변화를 꿈꾸는 이들의 가장 중요한 덕목이다.

선비는 마음이 너그럽고 뜻이 굳세어야 한다. 임무는 무겁고 갈 길은 멀기 때문이다. 인을 자기 임무로 삼으니 어찌 무겁지 않겠는가? 목숨이 다한 뒤에야 그만둘 것이니 어찌 갈 길이 멀지 않겠는가? —『논어』

그러나 실현 의지 없는 거창한 이념과 결의, 구체적 지침 없는 미래 청사진, 교조화한 선대 혁명가들의 사상이 '일상의 작은 실천'이라는 미덕을 오히려 악덕으로 만들고 있다. 어떤 일의 수행을 위해 치밀하게 단계적으로 거쳐야 하는 절차는 무시되고, 대충의 성과, 화려한 결과를 만들어 내기 위한 방법론과 수사학이 발달하고 있다.

더군다나 그렇게 '크고, 떠들썩하고, 멋지게, 한 방에' 상황을 해결해 보려는 이상에 함몰된 이들일수록 뜻대로 되지 않는 현실에 분노하고 세태를 푸념하는 데 더 힘을 쏟는다. 자신의 이상을 실현할 구체적이고 자잘한 실천론과 전략에는 관심이 없고, 눈앞의 현실이 자신의 이상과 맞지 않는 것에 끊임없이 분노할 뿐이다. 하여 남이 애써 일궈 놓은 결과물을 비난하는 데 시간을 쏟는다. '정당, 파벌, 이념'

에 대한 선호가 극단적으로 갈라져, 무익한 논쟁들이 무성한 것은 그 때문이다.

동네 앞길에 자잘한 사고가 많아 아이들 안전을 위해 과속방지턱 하나 만들려고만 해도 많은 수고가 따른다. 시청을 수도 없이 찾아가서 이 공무원 저 공무원에게 같은 얘기를 끝없이 반복해야 하고, 지역주민들의 관심을 모으고 서명을 받아 행정적 결정을 이끌어 내기까지의 과정이 여간 까다롭지 않다. 과속방지턱 하나 설치하는 일도 그렇게 어려운데, '국가의 현안'을 어떻게 손발 움직이지 않고 입으로만 해결할 수 있겠나. 그런데도 인터넷이나 SNS에 그럴싸한 글 몇 개 올리는 것으로 사회문제를 다 해결하는 '위대한 사람'들이 차고 넘친다. 그런 이들 얘기를 듣고 있을라치면 6일 동안 천지를 창조했다는 하느님조차 초라해질 정도이다.

우리가 바라는 이상향은 일상의 자잘한 실천에서부터 세워지는 것이지, 한 방에, 떠들썩하게, 로또 맞듯이 이뤄지는 것이 아니다. 그것은 내 삶에서부터 시작되는 것이지 결코 남들에게 내 생각을 강요해서 이뤄지는 것이 아니다. 또한 정치인에 대한 기대도 내 실천적 삶이 전제가 된 다음의 것이다. 정치인 자체가 주된 희망이어서는 안 된다. 일상에서의 자잘한 실천이야말로 우리가 꿈꾸는 세상을 위해 지향해야 할 최고의 과정이자 결과이다.

지극한 정성의 도는 앞일을 미리 알 수 있다. —『중용』 24장

『중용』의 이 말 역시, 혼신의 힘을 다하면 '자기실현적 예언'이 이뤄진다는 인간 존재의 특징을 얘기한다. 즉, 나의 맹렬한 관심과 구체적 실천 자체가 내가 원하는 이상향의 처음과 끝이라는 말이다. 이는 앞서 '균형과 통합'을 다룬 글에서 이야기했듯이 뿌리와 줄기가 한데 어우러지는 통합적 인간성의 비밀을 밝혀 주는 힌트이기도 하다. '일상에서의 구체적 실천'은 그 양자를 이어주는 통합의 고리이다. 『중용』의 바로 앞 장을 살피면 이는 명확하다.

작은 일도 무시하지 않고 최선을 다해야 한다. 그러면 그 작은 일이 가치를 더하게 된다. 가치를 더하게 되면 드러나고, 드러나면 밝아지고, 밝아지면 남을 감동시키고, 감동을 시키

면 변하게 되고, 변하면 다시 태어난다. 그러니 오직 세상에서 정성을 다하는 사람만이 세상을 변하게 할 수 있다.

—『중용』 23장

실(實)함과 허(虛)함

박해받는 민중의 종교였던 기독교는 로마 콘스탄티누스 황제에 의해 국교로 공인된 후, 지배이데올로기가 되었다. 이 때문에 원래는 '하늘에서 이룬 것같이 땅에서도 천국을 이루는 것'이 모토였던 서민의 실천적 종교 기독교는 '이 땅에 천국을 이루기 위한 사회참여(투쟁) 활동'을 금기시하며 사후 천국만을 꿈꾸는 종교로 전락했다. 많은 기독교인들이 성경에 적혀 있는 "먼저 그 나라와 의를 구하라"는 문구를 소 닭 보듯이 하는 이유도 그 때문이다.

이는 불교도 마찬가지다. 불교의 대승 교리는 삶 자체를 고통으로 규정하고 개인적 해탈에만 집착하던 사고를 넘을 것을 설법한다. 우리가 느끼는 오온――색(몸), 수(느낌), 상(생각), 행(의지), 식(앎)――과 그로 인한 고통도 공(空)의 일부이니 그것들을 타도해야 할 적이 아닌, 연기(緣起) 관계에서 빚어지는 우리 존재의 일부분으로 규정하는 것이다. 이렇게 만들어진 대아심(보살심)은 '세상=나'라는 이해에 다다르기에, 필연적으로 사회참여를 하지 않을 수 없다. 하지만 위정자들은 이러한 참여불교가 자신들의 입지를 위태롭게 할 것임을 알고 있었다. 하여 종교 지도자들을 포섭해 불교를 '개인의 해탈'에만 용맹정진케 하고 뜬구름 잡는 종교로 전락시키기 위해 갖은 술수와 폭력을 일삼았다. 위정자들의 민중에 대한 우민화 전략은 시대와 장소와 분야를 가리지 않는 것이었고 유교 역시 피해갈 수 없었다.

공자의 유교사상은 당시 중국의 어지럽고 비참한 사회상을 개선하기 위한 도덕 지침이었다. 굶주린 인간이 서로 잡아먹는 것이 일상이고, 권력 있는 자들이 힘없는 이들을 소모품 다루듯 하던 당대의 참혹한 현실에서, 서로 존중하고 화합할 수 있는 인간성을 제시했다는 것은 그 당시로서는 혁명적인 것이었다. 이에 각국의 왕들은 살육이 끊이지 않는 세태를 진정시키고 자신들의 통치기반을 다지기 위해 유교를 받아들였다. 우리에게는 삼국시대 때 당나라의 교육제도인 국학을 받아들인 것을 그 기원으로 삼는다.

하지만 유교가 지배자의 철학이 되자 문제가 발생했다.

유교를 받아들인 각국의 왕들은 백성들을 통제할 장치로 그것을 변용했다. '인의예지'는 지배층들만 소유할 수 있었던 책으로 배울 수 있었다. 이를 배우지 못한 이들을 금수만도 못한 존재로 규정하는 것은 지배 권력을 확보하는 방편이었다. 윗사람에게 도리를 다하고 군주에게 충성을 바쳐야 하는 덕목은 권위주의적 통치 체제의 확보를 위한 심리적 기반을 마련했다.

"왕에게 큰 잘못이 있으면 간하고, 여러 번 간해도 듣지 않으면 왕을 갈아 치운다(맹자)"는 등의 구절은 외면당했다. 지배세력이 원하는 것은 백성을 위한 합리적인 국정운영이 아니라, 수단과 방법을 가리지 않고 권력을 유지하는 것이기 때문이다. 민중 봉기의 위험성이 있는 요소는 가차 없이 편집되었다.

그렇게 유교는 오랫동안 지배자의 통치철학으로 교묘히 다듬어졌고, 송대 주희가 이를 주자학으로 집대성하였다. 주자학은 인간의 정신 구조, 존재의 원리 등에 관해 주희의 관점에서 밝힌 형이상학 체계였다. 그전까지의 유교 이론을 종합하고 주희 개인의 생각을 덧붙여 다듬었다.

그런데 조선시대의 양반들은 그 주자학을 절대진리로 받들었다. 유교가 교조화하자, 지배계층들은 서민들의 실질적인 삶의 향상을 위한 고민은 하지 않고 이 형이상학 체계를 공부해서 거창한 언변을 뽐내는 데에만 몰입하게 되었다. 서양에서 봉건왕조에 대항하는 민중의 자각이 커다란 폭발을 일으킬 때(프랑스 혁명)까지도 그러한 뜬구름 잡는 믿음은 이어졌다.

그나마 주자학의 현학성을 극복하기 위한 시도가 있었다. 한국 철학사의 '굵직한 논쟁'으로 일컬어지는 '4단칠정-이기론(理氣論)' 논쟁이 그것이다. 이황은 그전까지의 주자학 전통을 대표하는 인물로 '이기이원론'을 주장했다. 이기이원론은 쉽게 표현해 보자면 이(理, 이상)와 기(氣, 삶)가 나누어진 둘이라는 것이다. 그리고 이(理)에 우위를 둔다. 이상이 먼저 있어야 삶이 따라 붙는다는 것이다. 그 결과 머릿속에 이상을 그려 내는 선비들을 중시하고, 그 이상을 실현하는 기술자와 장인들을 하대하는 근거가 된다. 명분과 체제를 위한 개인의 희생도 당연하게 여긴다. 우리 사회에 아직까지 '애국'과 '진보'의 기치 아래 개인의 자율을 짓밟는 풍토가 남아 있는 것도 그 영향일 것이다.

'이기이원론'에 기대승이 '이기일원론'으로 반박한다. 이와 기는 둘로 나누어져 있지 않다는 것이다. 이것은 이상과 삶을 하나로 묶는 실학의 태동에 모종의 역할을 했다. 당연하게도 왕을 비롯한 대부분의 지배층, 지식인들은 명분이 아닌 실제의 것에 비중을 두는 실학적 발상을 좋아하지 않았다. 실학은 '사농공상'의 위계가 뚜렷한 조선에서 통치체제를 뒤흔들 혁명성을 내포하고 있었기 때문이다. 그렇다 보니 실학은 천대·박해받았고, 그만큼 주자학이 제공하는 현학적 논리는 신성시되었다.

이에 따른 맹목적 명분론은 국내 문제는 물론 국제 정세를 파악할 시야까지 잃게 만들었는데, 이로 인해 빚어진 대표적 재앙이 바로 병자호란이었다. '떠오르는 별'인 후금(이후의 청나라)을 보지 못하고, 쓰러져 가는 명나라에 대해서만 일편단심 사대하던 조선 지식인들의 안이함은 30만 명 이상의 아녀자들이 후금 노예로 끌려가는 참화를 겪게 만들었다.

하지만 이런 경험을 통해서도 배우지 못한 조선 말기의 왕과 재상들은 사대명분론에 입각해 청나라를 '오랑캐'라고 계속 하대하며, 신기술을 받아들이는 것을 거부했다. 이후에 등장한 서양 세력에 대해서도 역시 '금수만도 못한 놈들'로 규정하여 배척했다. 왜냐하면 그들(후금과 서양 세력)은 유학을 한 번도 접해보지 못해 '인의예지'를 모르는 '천한 것들'이었기 때문이다. 현실을 읽지 못하고 명분만 좇으며 뜬구름을 잡던 민족의 말로는 그 후 비참한 기록을 역사에 새겨 놓았다. 거듭 강조하건대 이는 유교 자체의 문제라기보다 유교를 지배자의 철학으로 바꾸며 실천성을 거세한 결과 빚어진 폐해이다. 유교 경전에는 구체적 실천을 강조하는 대목이 차고 넘쳐나기 때문이다.

현자의 도는 먼 길을 가는 데 반드시 가까운 데로부터 하는 것과 같으며, 높은 곳을 오르는 데 반드시 낮은 데서부터 하는 것과 같다. —『중용』 15장

이 말의 의미는 뜬금없는 기대와 희망, 이상과 명분에 휩쓸리지 말고, 각자 자기 위치에서 할 수 있는 일부터 해야 한다는 것이다. 그런 의미에서 우리는 좀 심각하다 할 정도로 구체적이고, 경험적이고, 실질적이며, 자잘한 문제를 논하고 실천하는 습관을 들여야 한다. 그럴싸하고, 수려하며, 마냥 이상주의적인 데다가 너무 지당해서 아무런 반론의 여지가 없는 '사회 실천성이 거세된 좋은 말들의 남발'로는 우리 앞의 난관을 헤쳐 나갈 길을 뚫을 수 없기 때

문이다.

1803년 태어난 최한기는 조선의 현실을 비판하고 과감한 개혁을 부르짖은 이로서 실학과 개화사상의 맥을 잇는 선구적 지식인이다. 농림, 천체, 지리, 기후, 수학, 물리, 상술, 천문학, 역학, 의학, 기계, 기술 등 당대 지식인들이 별 관심을 갖지 않던 분야의 서양 문물을 접하고 수백여 권의 방대한 저술을 써 냈다. 그럼에도 현대인들에게는 주자학에 매몰되었던 그렇고 그런 선비들의 손톱만큼도 알려져 있지 않다. 그는 자신 사상의 핵심을 다음의 한 문장으로 요약한다.

> 학문이 사무에 있으면 실(實)의 학문이 되고, 사무에 있지 않으면 허(虛)의 학문이 된다. — 최한기 (1803~1879)

이율곡의 천재성

숲에는 가을이 저물어 가매 / 시인의 시정은 그지없어라.

물빛은 하늘에 닿아 푸르고 / 단풍은 햇빛 따라 불타올라라.

산에는 둥근 달이 솟아오르고 / 강에는 끝없는 바람 어려라.

기러기는 어디로 가는 것인가 / 저무는 구름 새로 소리 끊겨라.

이 시는 율곡 이이가 여덟 살 때 지은 「팔세부시」라는 시이다. 이율곡은 한 살 때부터 글을 익히기 시작했는데, 웬만한 천재도 평생 한 번 하기 힘든 장원급제를 무려 아홉 번이나 연달아 해서 '구도장원공'이라는 별칭을 얻기도 했다. 말이 아홉 번이지, 지금으로 치자면 사법고시 수석을 아홉 번 연달아 한 것과 다름없다. 사대부들이 서로 짜고 정답과 관직을 사고팔던 당대의 현실에서 별 볼 일 없는 가문 태생인 그가 이뤄낸 성취는 실로 독보적이었다.

율곡이 23세이던 명종 13년(1558년)에는 문과 별시를 봤는데, 당대의 내로라하는 천재들이 모여서 '성리학적 우주관'에 대한 책문(문제)을 냈다. 글깨나 한다는 시험관들은 자신들의 학문을 뽐내기 위해 문제를 난해하게 꼬아서 고시생들을 괴롭혔는데, 이에 율곡은 넓이 30센티미터에 길이 10미터, 약 2,500자의 글을 통해 화답했다고 한다. 놀라운 사실은 이 답안이 당시까지 성리학계에서 주도적이었던 '이기이원론'에 맞선 '이기일원론'의 관점으로 쓰였다는 것이다.

앞서도 간략히 설명했지만 '이기이원론'과 '이기일원론'의 차이를 단순화해 보자면 '이상과 삶'이 둘인가, 하나인가 하는 차이라고 할 수 있다. '이기이원론'을 맹신하는 이들은 이상과 삶을 따로 구분하듯, 허례와 명분을 중시하고, 반상을 구분하며, 성리학적 사대주의에 목을 맨다. 반면 '이기일원론'을 주장하는 이들은 이러한 가치를 '성리학적인 방법'으로 부정했다. 율곡은 수험생 신분으로 답안지를 이용해 그렇게 시류에 저항했다. 율곡은 당시 채점관들의 성향을 누구보다도 잘 알고 있었기에, 좋은 점수를 받기 위한 답안 작성법도 알고 있었다. 하지만 그는 결코 쉬운 길을 택하지 않았다. 장원을 많이 해서가 아니라, 기성세대의 논리를 비틀어 기성세대에 당당히 저항했던 그 자체가 천재의 역량이었다.

그러나 그 답안은 채점관들의 수준을 뛰어넘었기에 장원으로 뽑힐 수밖에 없었다. 워낙 뛰어난 혜안을 담고 있는 덕에 시험 답안지임에도 만인으로부터 '천도책'이라고 불리기까지 했다. 이 답안은 중국에까지 전해져 그 몇 년 후 조선을 찾은 중국 사신이 "저 사람이 천도책을 지은 사람이냐?" 하고 물었다는 얘기까지 전해진다.

답안지에 담은 세계관은 그의 생으로 이어졌다. 율곡은

관료들로부터 '예의도 모르는 인간'이라는 소리를 들어가면서까지 망국병인 허례허식을 거부하고 집요히 비판했다. 고관대작들이 성리학적 명분론과 혈통주의에 빠져 있을 때 "서얼에게도 벼슬길을 주자"고 주장하기도 했다. 천민이나 노비 중에서도 능력 있는 사람을 발탁하자며 신분제 폐지와 부의 배분을 주장했다. 이 모든 개혁적 사고는 그가 당시 답안을 낼 때부터 마음에 품고 있었던 새로운 세상에 대한 열망이었다. 그의 사상은 이후 개혁적 실학사상의 기반이 된다.

율곡은 중용의 도를 지키면서도 가식 없이 왕에게 직언할 수 있는 거의 유일한 관료였는데, 선조도 율곡의 강직함을 잘 아는지라 율곡을 자문으로 두었다. 어느 날 선조는 "어떠한 사람을 등용해야 하는가?"를 물었는데, 율곡은 다음과 같이 답했다고 한다.

"전하에게 충성을 다짐하는 사람은 되도록 피하고 자기 일에 충성을 다짐하는 사람을 가까이하십시오. 전하에게 충성을 다짐하는 사람은 전하를 배신할 가능성이 있지만, 자기 일에 충성을 다짐하는 사람은 전하를 결코 배신하는 일이 없을 것입니다."

"충성을 다짐하는 이를 피하고 일 잘하는 사람을 곁에 두라"니, 당시에는 까딱 잘못하다가는 삭탈관직에 멸문지화를 당할 이야기였다. 가히 명분보다는 실리를 중히 여기는, 왕조시대의 재상답지 않은 명답이었다. 이이 같은 충신이 있었기에 그나마 선조는 한 번씩 총기를 되찾는 중에 종묘사직이 뿌리째 뽑히는 것을 그나마 막을 수 있었다.

그로부터 오백 년이 지난 지금, 율곡이 지향했던 세상은 도래했을까. 아직도 우리는 실리와 실천이 없는 명분·이념 싸움에만 매진하고 있는 것이 아닌지. 이론과 실천, 앎과 삶이 여전히 양분되어 있는 세계를 살고 있지 않은지.

오직 천하에 지극한 성실함으로 자신의 본성을 제대로 드러낼 수 있다. 스스로의 본성을 제대로 깨우면 사람들의 본성을 이해할 수 있다. 사람들의 본성을 알면 만물의 본성을 알고, 천지와 화육을 돕고 천지와 하나가 될 수 있다.

—『중용』 22장

소통의 기술

어떤 사람의 뇌는 '명분'으로 움직이고 어떤 사람의 뇌는 '실리'로 움직인다. 어떤 사람의 뇌는 '감정'으로 움직이고 다른 사람의 뇌는 '논리'로 움직인다. '긍정'으로 움직이는 뇌가 있고 '부정'의 원리로 움직이는 뇌가 있다. 그렇게 다르게 움직이는 뇌는 문제를 받아들이고 해석하는 방식도 전혀 다르기 때문에 서로의 교차점이 없다. 인간의 갈등이 필연적인 이유이다.

이 때문에 내가 아는 진리와 정의를 다른 사람들에게 소리 높여 외치는 것보다, 내가 진리와 정의를 인식하는 방식 자체가 타인과 다를 수밖에 없다는 것을 이해하고 소통의 기술을 연마하는 것이 훨씬 중요한 일이다.

다양한 공간에서 빚어지는 잡다한 갈등과 분열도 소통 노력이 없어서 비롯되는 경우가 많다. 그곳에는 대개 흑백 논리가 자리하고 있다. 숙고해야 할 수많은 변수가 있는데 다 잘라버리고, 오로지 선과 악의 이분법 구도를 만들어 놓는다. 그러다 보니 다른 관점이나 이해는 아예 묵살당하고 비난의 표적이 된다. 자신의 억울함은 부풀려지고 남의 억울함은 무시된다. 이것은 무의식 차원에서 미묘하게 일어난다. 서로 게거품 물고 "내가 잘났다"며 싸우는 용맹함은 대부분 이러한 무지와 무감각 때문에 빚어진다.

그러한 흑백논리와 일방주의는 적이 명확히 보이고 그 적만 해치우면 승리를 이룰 것 같아서 결의를 높이기에 용이하기는 하다. 문제는 상대방도 그렇다는 것이다. '싸구려 처세론'에도 "다른 사람은 다르게 생각할 권리가 있다"는 말이 반복적으로 적혀 있다. 한두 번만 그런 책을 펼쳐 봤어도 필요 없는 갈등은 빚어지지 않을 것이다. 하지만 이상이 너무 높고 시대와 역사의 사명이 중하다 보니, 그런 '싸구려 처세론'의 경구는 눈에 들어오지 않는다.

한발 물러서서 서로 생각의 '결'이 어떻게 다른지 비교하고 상대의 판단 근거와 이해의 배경을 살피는 것은 소통을 위한 사전작업이다. 그렇게 한다면, 문제를 선악이 아닌 다름과 차이로 구분할 여유가 생기고 미흡하나마 소통의 길을 찾을 수 있다. 함께하지는 못하더라도 이해할 여지가 생긴다. 언젠가 다시 동지로 만날 수 있는 가능성이 생긴다.

하지만 100퍼센트 나는 맞고 너는 틀리다는 절대논리로 시종일관하고, 사소한 의견 대립을 침소봉대하고 면박 주고 모욕하다 보니 서로 철천지원수가 된다. 인간관계는 파괴되고 조직은 무너진다. 세상을 향한 피 끓는 열정이 자기 건사도 할 수 없는 현실을 불러온다.

그리스 델포이의 아폴론 신전에 "너 자신을 알라"는 신탁 문구가 새겨진 것도 그런 우려 때문이다. 나 자신을 아는 이해 속에 내가 타인과 어떻게 다른지에 대한 앎이 있고, 이는 인간관계를 증진하는 단초로 이어진다는 것이다. 그 말을 했던 소크라테스가 끊임없이 아테네의 거리를 배회하며 젊은이들을 붙들고 귀에 못이 박이게 했던 얘기들도 '아는 것과 모르는 것의 차이', '나와 너의 차이'에 대한 이해였다. 동양의 선현들도 '고집스러운 독단이야말로 마음을 갉아 먹는 해충'이라고 했고, '자기를 총명하다고 여기는 생각이 도를 가로막는 장애'임을 분명히 했다.

수학의 분야만 해도 참과 거짓을 가리는 흑백논리를 넘어, 더하기 빼기, 나누기 곱하기의 방법이 있고, 방정식, 미적분, 위상학, 퍼지이론, 프랙탈 이론 등의 영역에 이르는 복합적 계산 체계가 존재하고 있다. 그러니 이분법의 편리에 안주하지 말고 의식의 촉수를 뻗어 타인과 작용할 수 있는 다양한 통로를 확보해야 한다. 이는 답 안 나오는 소모적 분열과 갈등을 봉합하고 소통의 활로를 틔우기 위한 선결 작업이다.

각각의 운동 분야의 성패와 공동체의 성장은 날카롭게 간 창끝을 얼마나 가열차게 휘두르느냐가 아니라 바로 이러한 중용과 균형, 소통의 역량 발휘에 우선적으로 달려 있다. 그리고 이 소통의 역량은 '아량'과 '인간미'에 접목될 때 최적의 힘을 발휘한다.

사람의 마음은 쉽게 변하고 세상살이는 험난하다. 그러므로
나아가기 어려운 곳에서는 모름지기 한 걸음 뒤로 물러서는
법을 알아야 하고, 쉽게 나아갈 수 있는 곳에서도 적절히 양
보하는 덕을 길러야 한다. —『채근담』

너그러운 아량

조선 초기. 한 젊은 선비가 시골길을 가다가 늙은 농부가 소 두 마리를 함께 몰면서 밭을 갈고 있는 것을 보고 물었다. "검정소와 누렁소 중에서 어느 쪽이 일을 더 잘하오?" 그러자 농부는 밭을 갈다 말고 몹시 당황한 얼굴로 선비에게 뛰어왔다. 그리고 작은 목소리로 대답했다. "힘은 검정소가 셉니다만 꾀부리지 않고 일을 잘하는 건 누렁소입니다." 농부의 말을 들은 선비는 의아해서 다시 물었다. "하찮은 짐승의 이야기인데, 뭘 그리 비밀처럼 얘기하시오?" 그러자 노인은 조용히 고개를 저으며 다음과 같이 답했다. "말 못 하는 짐승일지라도 나쁜 말을 듣게 해서는 안 됩니다."

선비는 깊은 감동을 받고 그 말을 교훈 삼아 평생을 살았다고 한다. 황희 정승의 일화이다. 어질고 현명한 신하로 임금의 신망을 받고, 애민하는 마음으로 정사를 돌봐 백성들로부터 존경을 한 몸에 받았던 황희 정승 말이다. 고려가 망한 후 혼란기의 조선 초, 왕조 전복의 후유증과 국론 분열이 여전한 상황에서, 파벌끼리의 갈등을 조율하고 국정의 균형을 바로잡는 무게 추 역할을 했던 이가 바로 황희 정승이었다. 정도전이 조선의 기틀을 세웠다면 황희의 인품이 그 기틀 안에 생명을 불어넣었다. 너그러운 아량의 힘이다.

인간 사이의 소통이 안 되고 갈등이 격화되는 이유는 상대에게 부당한 대접, 무시를 받았다는 서운함과 자존감의

훼손 때문이다. 이를 만회하기 위한 가장 쉽고 빠른 방법은 상대를 고립시키고 공개적으로 비난하는 것이다. 여태껏 인생살이에서 자신이 당한 모든 고통을 상대에게 쏟아내면, 응어리진 마음까지 풀리는 듯하다. 문제는 이런 상황에서는 상대측도 난데없는 공격에 생존 본능이 발동하여 긴급 무장을 하고 반대편의 흠을 들춰내며 죽자 사자 반격한다는 것이다. 이후로는 혼전이 벌어진다. 이해, 배려, 소통은 찾아볼 수 없다. 남은 평생 철천지원수의 삶을 살아야 한다. 이런 경우가 흔하다. 처음 불만이 있었을 때 약간의 아량을 가지고 다가갔으면 서로 화해하고 우애의 관계를 형성할 수 있었을 이들이, 평생을 서로 등지고 살아야 하는 일이 발생한다.

그렇게 상대를 향한 응징과 보복의 길을 택하는 순간, 정신은 그에 속박되고 영혼은 황폐해진다. 응징과 보복은 고스란히 자기 내면에 화로 쌓인다. 무당이 상대를 해하기 위해 살(煞)을 잘못 날리면 그 업보가 고스란히 자신에게 되돌아간다는 말도 그런 맥락의 이야기이다. 작용과 반작용은 물리 법칙이다. 따라서 어쩔 수 없는 경우를 빼고는 상대와 충돌이 아닌 소통의 길을 찾아야 하는바, 너그러운 아량은 그 다리가 된다.

상대방의 행동에 불만이 있고 내가 무시를 당했다고 여길 때, 한 템포 늦추고 여유를 가지고 대하는 것은 그 한 방법이다. 상대가 원래 그런 사람인지, 고의로 그랬는지, 실수로 그랬는지, 의미 없는 습관인지를 살피고, 정중하게 사과를 요구하면 된다. 열 받는 상황을 접했을 때 무턱대고 화를 폭발시키지 않고, 먼저 상대방에게 정중히 사과를 요청하는 것도 우리가 배워야 하는 중요한 인간적 자질의 하나이다.

일의 경중을 따지고 앞뒤를 가려 문제를 처리해야 한다. 그래도 상대가 변하지 않으면 그 불만에 상응하는 딱 그 정도의 분노만 표하면 된다. 그 균형을 잃고 상대방의 행위 속에서 여태껏 자신이 살아오며 겪은 모든 응어리를 쏟아내려고 해서는 안 된다. 그렇게 해 버리면 그 순간은 '부조리에 맞서는', '불의를 응징하는' 순간이 아니라, 자신이 무너지는 순간이 되기 때문이다. 빗어진 작은 갈등을 확대해 인간관계와 조직을 산산이 부서뜨리는 사람이 있는가 하면, 도저히 수습할 수 없을 것 같은 갈등을 다독이고 봉합해 화합의 길로 이끄는 이들이 있다. 이 차이는 '정의감'만 있는 사람과 '아량'까지 있는 사람의 차이이다. 극작가 사무엘 베케트는 "현대예술가의 과제는 엉망인 상황을 수습하는 형식을 발견하는 데 있다"는 유명한 말을 남겼다. 마찬가지로 싸울 일이 많은 현대인의 과제는 분열과 갈등을 조율하고 화합으로 이끄는 역량을 갖추는 데 있고, 그 핵심이 바로 '아량'이다.

극우 진영의 중장년층에게서 이런 아량이 부족한 것을 자주 보게 되는데, 근래에는 진보 진영의 젊은 층에게서도 이러한 극단화가 보인다. 이것은 무엇보다 여러 사회적 사건을 겪으며 젊은이들이 격분한 때문일 것이다. 가령 세월호 참사에서 '가만히 있으라'는 '어른'들의 지시를 받고 무참히 죽어간 학생들의 죽음, 그리고 그 죽음에 대한 동년배들의 분노가 근원적 공포와 맞물리면서 기성세대에 대한 저항의식으로 표출되는 듯하다. 또 한편으로는 현재의 기성세대는 과거에 학교를 졸업하면 뭐라도 할 일이 널려 있었다. 하지만 현재의 젊은 세대는 졸업 후 아르바이트 일자리도 구하기 힘들다. 그 자리를 놓고 노인 세대와 싸워야 한다. 이러한 상실감과 조바심이 기성세대에 대한 분노로 표출되는 듯하다. 이런 문제들에 복잡한 감정이 맞물리고 갈등이 중첩되면서 분노는 극단성을 띠고 있다. 인간적 아량이라고는 찾아볼 수도 없이 건조하고 빡빡한 이해의 대립만 이어지고 있다. 기성세대는 젊은 세대의 이러한 아픔과 상실을 이해하고 다독일 수 있는 길을 찾아야 한다. '막무가내 투쟁력'보다 '너그러운 아량'이야말로 험한 세상을 헤쳐 나갈 지혜와 용기의 원천이기 때문이다.

> 평생토록 길을 양보해도 백 보에 지나지 않을 것이며, 평생토록 밭두렁을 양보해도 한 마지기를 잃지 않을 것이다.
>
> —『소학』

이상보다 인간미

내가 아는 시민운동가 중에 정말 열심히 활동하는 분이 있다. 학생 때부터 자신의 삶을 사회를 위해 바친 분이다. 수완도 있고, 지식도 방대하다. 서류 작성에서부터 행사 기획, 집회에서의 일목요연한 대중 연설에 이르기까지, 한마디로 '전천후' 활동가이다.

단 한 가지 약점이 있으니, 사람들이 그를 안 따른다는 것이다. 아니 오히려 사람들은 그를 피한다. 그에게서 인간미가 안 느껴진다는 것이다. 단순히 사람이 재미없기 때문이 아니다. 자기가 하는 일의 시급성과 중요성만 알지, 다른 사람이나 다른 단체의 입장을 염두에 두지 않는다. 하여 자신이 이루고자 하는 계획과 목표 속에 다른 사람들을 들러리 세우듯 한다. 그것이 아주 자연스럽고 미묘하게 이뤄진다. 주변 사람들은 이런 상황이 껄끄럽고 불편해서 그를 피하게 된다.

문제는 그것이 그의 사사로운 욕심 때문에 빚어진 일이 아니라는 것이다. 오히려 투철한 사명감, 단호한 추진력, 뜨거운 정의감 때문에 생기는 일이다. 자신의 개인 생활을 버리면서까지 이루려 했던 그 원대한 이상들이 주변 사람들로 하여금 그를 보면 피하게 만든 것이다. 모기 한 마리 죽이지 못할 정도로 여리지만, 주변 사람들 피 말리는 '선량한 사람'의 비유가 적절할까. 그런데 이런 경우를 곳곳에서 자주 보게 된다.

남는 것은 사람이고, 우리가 하는 일도 결국 사람을 사랑하는 일이다. "인간성을 결코 수단으로 취급하지 말고 항상 목적으로 취급하라"는 칸트의 도덕률을 우리는 윤리 시간에 배웠다. 그런데 자신의 이상에만 몰두하느라 가장 기본적인 마음가짐을 잊고, 주변 사람들을 다 쫓아 버리고, 어렵사리 사회문제에 관심을 갖고 나온 대중들까지 혐오감을 느끼고 이 바닥을 떠나게 만들고 있다. 일상에서도 자기 혼자 세상사를 다 아는 체하며 주변 사람들에 대한 훈계를 예사로 하는 이들을 종종 본다. 이들은 상대가 자기 뜻과 조금만 어긋나면 편 가르고, 범주화하고, 트집 잡고, 뒤에서 비난하며 모든 것을 자기 고집대로 하려는 이들이다. 남의 얘기는 털끝만큼도 듣지 않는다. 흔히 말하는 '앞뒤 꽉꽉 막힌 사람'이다. 그 주장의 옳고 그름은 둘째 치고 우리는 그렇게 세상사를 자기 맘대로 하려는 이들을 피하게 된다. 그 편협한 인성 자체를 신뢰할 수 없기 때문이다. 하물며 그런 모습을 시민운동 분야에서 보이며 '대의'로 포장하는 이들은 더 말할 나위 없다. 세상의 변화는 자기 자신으로부터 시작해야 하는데, 그 첫 단추도 끼우지 못한 이들이 특권의식, 엘리트주의에 빠져 거창한 주장만 남발하며 주변에 창끝을 휘두르는 모습을 어찌 신뢰할 수 있겠는가.

반면 또 한 분 떠오르는 얼굴이 있다. 내가 사는 지역에 아는 형님이 한 분 계셨다. 젊었을 때 학생운동을 했고, 서점을 경영하면서 시민운동을 이어왔는데, 항시 넉넉하고 편안한 마음으로 사람들을 대했다. 늘 약자의 편에 서서 힘있는 무리들이 벌이는 전횡에 분노하면서, 지역의 시민사회 조직들이 함께 뭉쳐 싸울 수 있는 기회를 만들어 내기 위해 힘쓰는 분이었다. 조용하면서도 추진력 있고, 상대를 배려하며 다독이는 리더십은 자연스럽게 그 주변에 사람들을 모이게 했고, 지역의 구심점이 되었다. "현명함으로 남의 아래에 있는 자는 사람의 마음을 얻지 못하는 일이 없다"는 옛말에 부합하는 분이었다. 이른 나이에 지병으로 돌아가시니, 지역의 시민사회가 생기를 잃을 정도였다. 남 앞에 나서지 않고 남의 뒤를 묵묵히 받쳐주던 분이다 보니 그 이름이 세상에 알려지지도 않았다. 그 이름 '이민우'를 이 책을 빌려 다시 한번 기억한다.

저기 두 사람이 있다. 한 사람은 다른 사람의 이야기에 귀 기울이고, 솔선수범하고, 배려하며, 사람들을 모아 함께 움직이도록 다독이는 인품을 가지고 있다. 다른 한 사람은 샘솟는 사명감 때문에 상대방이 자신의 생각에 동의하지 않는 것에 화를 내고 '모지리' 취급하며 공동작업의 결과물을 자기 것으로 만들려 한다. 이상과 정의의 이름을 내걸고 말이다. 누구와 함께하고 싶은가. 이것이 남의 얘기일 때에는 무조건 전자를 선택하는데, 정작 우리 자신은 후자의 삶을 살아가는 것이 문제이다. 내가 그것은 잘 안다. 나 자신이 아직 그러하기 때문이다.

평소 공손한 태도를 지키고, 일을 처리할 때에는 신중하며, 남과 어울릴 때에는 정성을 다하라. 이는 비록 오랑캐 땅에 간다고 해도 버릴 수 없는 것이다. —『논어』

3 심화

1장, 2장에서는 어떻게 하면 내적 불화와 집단성의 압박을 극복하고 주체와 자율, 실천력을 확보하며 균형 잡힌 삶을 살 수 있을 것인지를 논했다. 그러면서 보수와 진보의 갈등, 진보 내의 갈등, 내면의 부조화 문제까지를 짚었다. 이번 장에서는 앞에서 다룬 문제 가운데 특히 중요한 몇 가지 주제들을 좀 더 깊게 들여다보려고 한다. 주체와 자율의 문제를 심리적, 사회적, 역사적, 존재론적으로 심도 있게 고민하기 위해 꼭 다뤄야 하는 이야기들이다.

이상주의의 늪

명말청초 서양 문물의 유입에 충격을 받은 중국인들 사이에는 "학문이 세상을 다스리는 데 실질적인 이익이 되어야 한다"는 경세치용의 움직임이 일어났다. 사변에만 치우친 유학에 대한 반성으로부터 객관과 실증을 견지하고 귀납과 비판정신에 의거한 고증학-실학이라는 학문 체계가 구축된다. 조선은 후기에나 와서 고증학을 받아들이게 되는데, 그 대표적인 인물이 바로 다산 정약용이다. 그는 당대의 주류 성리학이 실리는 없고 말꼬투리만 잡고 늘어진다며 다음과 같이 통렬히 비판한다.

"오늘날 성리학을 하는 자들은 이·기·성·정·체·용·본연·기질·이발(理發)·기발·이발(已發)·미발(未發)·단지(單指)·겸지(兼指)·이동기이(理同氣異)·기동이이(氣同理異)·심무선무악(心無善無惡)·심유선유악(心有善有惡) 등을 말하여 세 줄기, 다섯 가장귀, 천 가지, 만 잎으로 점점 세분하여 털끝까지도 나누고, 실오라기도 쪼개어 서로 꾸짖고 서로 호응하며 마음을 어둡게 하여 답답하게 연구하면서 소리를 높이고 목청을 돋우어 스스로 천하의 고묘(高妙)함을 다 이루었다고 생각하여, 동으로 떨치고 서로 부딪치며 꼬리만 붙잡고 머리를 잃고서 대문마다 하나의 깃발을 세우고 집집마다 하나의 보루를 쌓으니, 평생토록 노력하여도 해결할 수 없게 되었다." (정약용, 「오학론」)

가히 실학의 거두다운 일갈이다. 그런데 정약용이 오늘날 우리 시대를 다시 산다면 같은 말을 되풀이할 듯하다. 아직도 우리 사회에는 실익 없는 사변만 일삼는 세태가 만연해 있기 때문이다.

신념과 이상을 고집하는 것이 좋은 경우는 그에 맞는 힘과 실천력이 있을 때이고, 나쁜 경우는 아무런 내실 없이 구호만 있는 경우이다. 전자는 변화를 향한 전진의 동력이 되고, 후자는 쓸데없는 관념투쟁의 빌미가 된다.

원리와 원칙, 신념과 이상만을 고집하는 이들이 자잘한 실천에 관심 없는 이유는 그러한 실천으로 단시일 내에 일이 성취될 가능성이 없음을 알기 때문이다. 자신들의 높은 이상을 이루기 위해 넘어야 할 장벽이 너무 높고 스스로의 능력이 부족함을 알기에, 일상에서의 구체적이고 지속적인 실천을 통해 뭔가 변화시키려는 실질적 노력을 할 엄두를 낼 수 없다. 적당한 수준의 이상이라면 한발 한발 이를 실현해 나아가면서, 그러한 성공의 경험을 좀 더 큰 도약의 발판으로 삼아 변화와 성장을 꾀할 수 있다. 하지만 머릿속 이상은 너무 고결하고 순수하기에 이를 비루한 현실 속에서 실현해 낼 수 없는 것이다. 그 대신 뒤로 물러나 다른 사람의 생각이 자신이 추구하는 '원리와 원칙, 신념과 이상'에 부합하는지 아닌지를 비교하는 비평가의 입장에 선다. 이에 부합하면 감싸 안으면서 서로 자위하고, 부합하지 않으면 변절자니 불순분자니 하며 매도하고 손가락질한다. 도덕적 허기를 채우는 데 이만한 일이 없다.

그 대표적 경우는 일부 진보 진영에서, 세월호 유가족들이 대선 때 문재인 후보를 지지했다는 이유로 아직까지 비난을 하고 있는 사례이다. 그 진보들(?)의 입장을 정리해 보면 "우리가 당신들(세월호 유가족) 힘들 때 도와줬는데, 그렇게 문재인에 붙어 배신하냐"는 투다. 사회적 약자를 돕는 것을 무슨 적금이라도 든 것으로 여긴 것일까? 그렇게 본전 생각이 나면 장사나 하지 뭐 하러 거리에 나섰는지 이해할 수 없다. 세월호 참사 관련해 아직 진상조사가 제대로 되지 않았는데도 진보 진영의 동력이 확 떨어져 나가고, 심지어 눈길도 주지 않는 이들이 많은 것은 바로 그런 본전 생각도 큰 이유 중 하나이다.

기실 그들이 4·16 참사 후에 거리로 나섰던 것은 세월호 유가족을 위해서가 아니었다. 자신들의 허울 좋은 이상을 위한 것이었고 자기 아집을 견고히 하기 위한 방편이었다. 사회적 약자를 그 자체로 목적이 아닌 자신들의 이상을 실현하기 위한 수단으로 삼다 보니 그런 일이 빚어지는 것이다. 그 '수단(세월호 유가족)'이 자신들의 이상을 충족시키는데 도움이 안 되니 가차 없이 등을 돌리고 아직까지 뒤에서 비난해 대는 것이다. 이런 일이 '진보'의 이름으로 버젓이 빚어지고 있다. 세월호 유가족들에게도 그럴진대, 자신과 생각이 다른 사람들에게는 오죽하겠는가? 정약용이 지적했듯이 이렇게 집집마다 깃발 세우고 보루 쌓는 이상주의를 우리는 경계해야 한다.

왜 우리는 그간 이 단순한 문제의식도 없이 그럴싸한 이상에만 빠져 실질을 이루는 걸 등한시했나. 그 사실을 이해하기 위해, 자신이 지금 어디에 서 있는지를 먼저 확인해야 한다.

구체적인 현실 속에서가 아니라 상징에 의해서 생각하는 것을 그만둬야 지식인은 행동하고 결정할 수 있다.

— 김산 (1905~1938, 사회주의 혁명가, 항일독립투사)

내가 서 있는 곳

고대, 근대, 탈근대…… 내가 어느 시대에 서 있는지 확인하기 위해 시대상의 변화를 살피는 일이 필요하다.

(1) 세계관의 변화

고대 그리스-로마 시대는 그야말로 약탈과 살육의 시대

였지만, 인문·사회·자연·예술에 관한 다양한 학문이 꽃피었고 인간은 그만큼 자유롭게 사고할 수 있었다. 하지만 유럽 대륙이 로마의 지배를 받고 기독교가 지배자의 종교로 돌변한 후, 모든 이들은 기독교를 위해 부역해야 했다. 중세는 신화의 세계였다. 근대로 넘어오며 상업자본이 커지고 부르주아 상인계급이 성장하며 신화보다 이성의 절대성을 맹신하는 계몽주의가 대두하였다. 현대에 이르러서는 그 이성과 이념을 부정하는 탈근대적 상대주의가 시대정신으로 자리잡고 있다. 동양의 경우는 이와는 좀 다른 과정을 거쳐 왔으나, 서양 세계의 지배력 때문에 이러한 과정을 압축적으로 겪고 있다. 시대상의 변화를 하나씩 살펴보자.

(2) 보편적인 가치가 통용되는 근대적 세상

성장하는 인간의 이성은 중세의 신화적 세계의 폭정을 더 이상 견디지 못하고 체제에 반기를 들었다. 인간의 집단 이성은 스스로의 존립 근거를 종교적 교리의 폭압으로부터 구해냈다.

인간은 더 이상 신을 믿지 않는다고 기둥에 묶여 불태워지지 않았고, 이성이 개화시킨 자유와 평등의 가치는 종교중심적, 민족중심적, 남성중심적, 자기중심적인 굴레를 깨

부수고 타인의 자유와 권리를 인정하는 '보편적 가치'를 찾아내는 혁혁한 성과를 올려, 불완전하게나마 여성과 가난한 자와 장애인과 노예를 해방시키는 추동력이 되었다.

이러한 보편적 가치의 발견은 사회 전 분야에서 이뤄졌다. 다윈은 생물의 적자생존에 대한 박물학적인 지식을 바탕으로 생명의 진화 계열을 밝혀냈고, 뉴턴은 떨어지는 사과로부터 태양 주위를 도는 지구의 움직임까지 하나의 공식으로 엮은 만유인력의 법칙을 발견했으며, 데카르트 등 인간 주체와 경험을 중시하는 사상가들은 우리 존재를 냉정히 들여다보기 시작했다. 베이컨을 위시한 사상가들의, 학문에 대한 성역 없는 탐구가 큰 몫을 했다. 인간 이성은 최고의 전성기를 맞게 되었다. 계몽시대는 그렇게 인간 이성으로 보편적 가치를 구축한 시대이기도 했다.

신을 기반으로 두지 않고서는 그 존재의 정당성을 인정받지 못했던 인간의 의존성은 시계와 같은 치밀한 역학 구조 속에 스스로 존재하는 것으로 묘사되기 시작했다. 바야흐로 인간의 영혼까지 현미경으로 꿰뚫어 보려는 태세였다. 상공업, 교육, 의학의 발달과 보편적 인간성에 대한 발견으로 인류의 뿌리 깊은 야만은 극복되는 듯했다. 이성은 인류를 새로운 에덴의 동산에 올려놓는 듯했다.

(3) 보편적 가치의 붕괴

그런데 급격히 개화한 인간의 이성이 스스로의 탐욕을 다루는 데에 실패하기 시작한 전조가 곳곳에서 나타났다. 과학적 발명을 통한 기술의 발달은 상공업과 전쟁수행 능력을 급격히 향상시켰고, 과거에는 상상할 수도 없을 정도로 대규모로 인간에 대한 억압과 착취, 학살을 가능케 했다.

여기에 주의(主義)와 이념이 끼어들면서 세계에는 어둠의 그림자가 드리워졌다. 이성의 시대가 이뤄낸 가장 큰 성공이 '보편적 가치의 발견'이었다. 그런데 이것이 어느 순간 집단의 이익을 대변하기 위한 '보편적 가치의 발명(이념)'으로 전환되면서 자기들만의 가치를 대변하려는 이들 간의 대규모 살육으로 이어졌다. 마르크스와 베버와 아담 스미스는 각각의 집단 이익을 대변하기 위한 '경전'이 되었다.

인간의 과도한 욕망과 서로에 대한 불신은 자신들의 보편적 가치에만 절대성을 부여했다. 그것을 지키기 위해, 과학기술 문명이 구축해 놓은 결과물들을 투입했다. 당시 세상은 자신들이 가진 대포 알의 수만큼 상대를 향해 적의를 불태우는 것이 권장되었다. 야만의 시대가 계속되었다. 굶어죽지 않으려고 전쟁의 폐허를 뒤적이는 난민들이 군법회의에 회부되어 총살에 처해졌다. 사회정의를 부르짖는 자들 중에 '인간 도살자'의 별명이 붙는 경우도 있었다. 인간의 목숨이 빵 한 조각에 좌지우지되었다.

애초에 프롤레타리아(무산자) 해방을 기치로 내걸었던 마르크스주의는 스탈린을 거치면서 지극히 편협하고 독재적인 전체주의 사상으로 왜곡되었다. "모든 이들에게 풍요와 자유"를 기치로 내걸었던 자본주의 사상은 모두가 평등하게 가난한 세상을 만들어 내며 위기에 봉착했다. 이에 인간 이성과 그 최고의 결과물인 보편적 가치에 대한 불신이 고조되기 시작했다.

(4) 보편으로부터의 자유

보편적 이성의 절대성에 금이 가기 시작했다. 19세기 말부터 물리학계에서는 그간 통용되던 이론에 대해 문제가 제기되었다. 이 시기 물리학은 힘과 관점의 상대성의 문제를 넘어서, 인간의 의식 자체가 물질세계에 미치는 영향을 다루기 시작했다. 양자론은 심지어 의식을 가진 관찰자가 시간을 거꾸로 소급해 들어가 자기 존재를 재구성할 수도 있고, 지금 우리가 접하는 현실도 실은 우리 의식의 산물이라는 이해에 다다랐다. 쉽게 말해 환경이 우리를 만드는 것이 아니라 우리의 의식이 환경을 만든다는 것이다. 우리는 각자의 주관의 세상에 살 뿐, 이를 통합하고 규율하는 객관적 세계란 존재하지 않는다는 것이다. 그간 인간이 맹신하던 보편적 가치, 객관적 현실은 그렇게 과학적으로 부정되었다.

사상계에서도 비슷한 바람이 불어왔다. 이전까지는 세계를 이해하는 (보편적) 방법에 대한 체계화된 이론과 논리, 형이상학이 난무했다. 즉 "인간은 무엇인가?", "주체는 무엇인가?", "진리란 무엇인가?"라는 형이상학적인 논의들이 가득했다. 하지만 객관적으로 진리를 보증할 수 있는 답이 존재하지 않는 이상 그러한 형이상학적 질문들은 쓸데없는 공론이었다. 대신 "어떻게 그것을 인식할 수 있는가?", "어떻게 행동해야 하는가?"에 대한 문제가 다뤄지기 시작했다. 그들 상당수는 "인간의 존재는 구조화된 언어와 사회가치의 기반 위에서만 존재할 뿐"이라고 결론을 냈다. 보편적이고 절대적인 가치는 거부되었고, 단단한 지반 위에 서 있는 것으로 알았던 인간의 존재는 해체되기 시작했다. 이제 세계가 어떻게 만들어져 있는지에 대한 관심보다 각자가 어떻게 이 세상을 긍정하며 살아갈 것인가가 문제의 핵심이 되었다.

바야흐로 격자무늬와 같이 철두철미하게 구조화된 보편의 가치, 절대의 기준, 합리적 체계를 추구하던 이성의 시대는 끝나고, 각자 자기의 존재를 꾸려가는 시대가 도래했다. 유식한 말로 포스트모던(탈근대) 시대이다. 이러한 포스트모던적 세계상은 중세적 광신에 이은 또 하나의 광신, 즉 이성의 광신의 폐해를 극복하기 위한 시대적 요구였다.

(5) 자기규정 시대 — 탈근대

탈근대라 일컬어지는 이 시대의 인간상은 각자 스스로의 존재를 규정하는 것에 있다. 우리는 그간 조직과 집단, 습속과 제도 속에서 추호의 의심도 없이 그것이 옳다고 여겨온 '절대적 체제'의 부품으로 살아왔다. 일반론, 원리, 본질, 국가, 집단, 이상에 의해 우리는 규정되었다. 하지만 탈근대는 스스로 자신의 존재를 규정하고, 자신이 만든 지도에 따라 삶을 개척하는 자율과 능동이 요구되는 시대이다. 이는 이상과 체제, 구조의 억압으로부터 개인을 해방시키려는 인류의 오랜 열망의 실현이다. 영화를 비유로 들면 쉽게 이해된다.

'근대적 영화'는 감독이 원하는 대로의 감정, 의미, 내용이 관객에게 전달되는 형식을 갖고 있다. 영화를 다 보고 극장을 빠져나가는 관객의 머릿속에는 획일적인 감정과 단일한 가치가 주입된다. 그것이 남녀 간의 사랑을 다루는 로맨스 영화든, 조폭들을 다룬 갱스터 영화든, 섬멸해야 할 적과의 전투를 담은 애국-국가주의 영화든, 반전 미스터리 스릴러 영화든, 영화를 본 관객들은 모두 단일한 지도를 머릿속에 그려서 나오게 되고 자신의 머릿속에 그려진 지도를 상대방과 공유하는 게 가능하다. 이러한 영화적 스타일은 한편으로 우리가 살아가는 세상의 획일성에 기여했고, 그러한 획일성의 세상에서 사람들은 다시 '의심할 바 없는 가치'를 좀 더 감동적으로 제공 받으려고 극장을 찾는다.

이에 반해 '탈근대적 영화'는 영화가 끝날 때 관객들의 머릿속에 획일적인 지도가 아닌, 각자의 지도가 만들어진다. 한 예로 영화 〈인셉션〉은 관객들이 직접 영화의 해석에 참여해 영화의 결과를 바꾼다. 영화 속에서 꿈인지 현실인지 확인할 수 있는 장치로 '토템'이 쓰인다. 영화의 끝에 주인공이 돌린 토템이 계속 돌아갈 것인지, 아니면 쓰러질 것인지를 관객들 각자가 판단해야 한다. 이 판단의 결과에 따라 영화는 꿈속에서 비극으로 끝난 것일 수도, 현실에서 희극으로 끝난 것일 수도 있다. 가능성이 열려 있다. 관객은 단순히 관찰자가 아닌 참여자이자 영화의 일부가 된다.

마찬가지로 포스트모던의 자유정신은 과거와 같이 수동적인 존재로 세태에 휩쓸려서 살아가지 않아도 될 가능성을 제공했다. 세계를 자기 방식대로 해석하고 자기 방식대로 살아갈 무한의 가능성을 열어줬다. 하지만 자유를 버거워하는 이들에게 이는 참을 수 없는 일이었다.

(6) 아직 근대(계몽 시대) 이전의 세계에 서 있는 이들

21세기의 여명이 밝은 지가 한참이 지났음에도 아직도 제 각각의 이념과 가치만을 최고의 보편가치로 여겨 남들에게 강요하는 이들이 많다. 이는 거리에서 흔히 볼 수 있는 "예수천국 불신지옥"의 독단적 절대주의로부터, 무턱대고 잘 먹고 잘살기 위한 자본에 대한 맹목적 찬양, 배타적 애국주의, 국가주의, 안보제일주의, 재벌찬양주의, 소비만능주의, 진보적 이상주의 등을 통해 사회 곳곳에서 나타나는 현상이다. 스스로 제 발로 서 본 적이 없으니 남들이 제 발로 제 삶을 살아가고 있는 현실 자체를 인정할 수 없는 것이다. 자유를 경험해 본 적이 없기에 남들이 각자의 방식대로 자유를 누리는 가능성 자체를 이해할 수 없는 것이다.

이러한 각각의 배타적 집단들은 그 외의 것에 적대감을 갖는 것을 '의무'로까지 여긴다. 다른 감성을 가진 사람, 다른 정치적 입장을 가진 사람, 다른 이상을 가진 사람에 대한 비난이 '정당'하다고 믿으며 이를 추호도 의심하지 않는다. 대중을 자율적인 판단능력이 없는, 계도해야 할 타율적 대상으로 규정해 강압한다. 이러한 배타성의 노골적 표출은 아직 자신이 근대적 이성조차 제대로 갖추지 못하고 있음을 고백하는 것에 다름 아니다.

탈근대시대 우리에게 놓인 과제가 산적해 있다. 야만적 금융자본이 세계 빈민의 착취를 고도화하며 이를 마치 인류가 지향해야 할 보편적 가치로 미화하고 있는 신자유주의적 폭거에 우리는 무방비로 노출되어 있다. 신자유주의가 부추기는 자원고갈, 환경오염 문제도 심각하다. 얼마 남지 않은 씨감자를 서로 차지하기 위한 군비확장 경쟁은 인류 멸종의 시간을 앞당기고 있다.

여기에 탈근대 시대의 맹점으로 '이미지'가 '현실'을 전복하는 난관이 더해진다. 이 때문에 자기 욕망의 이미지만을 스마트폰 두드려 소비하며 날카롭게 간 창을 휘두르는 데에만 혈안이 된 사람들이 차고 넘친다. 감상적 이상주의, 보루 쌓는 이상주의가 팽배한 이유이다. 언제까지 시대착오적인 이념 투쟁에 시간을 낭비할 것인가.

하지만 이 모든 것을 다 합친 것보다 더 심각한 문제가 있으니, 이는 우리 자신이 아직 근대적 사고력조차도 갖추지 못했다는 사실 자체를 모른다는 것이다. 자기 스스로 사고하고, 판단하고, 실천하고, 책임지는 자율과 주체의 삶이 버거워 그 자유를 포기하고, 남들에게 자유를 양도하며 남들의 자유를 발목 잡는 세태가 만연해 있다.

어떻게 하면 우리는 이 시대에 스스로의 발로 온전히 설 수 있을까.

절대적인 것은 없다. 모든 것은 바뀌고, 모든 것은 움직이고, 모든 것은 회전하고, 모든 것은 떠오르고 사라진다.

— 프리다 칼로 (1907~1954, 멕시코의 초현실주의 화가)

현상과 본질

진보와 보수 갈등의 근본적 원인, 서로 닿을 수 없는 이유는 세상을 인식하는 방식의 다름에 있다. 그것을 이해하면 이상주의가 어떻게 진보의 상당 부분을 잠식하고 있는지 그 미스테리를 설명하는 나머지 퍼즐 조각을 찾을 수 있다. 이는 또한 우리 중의 많은 이들이 근대적 사고력도 갖추지 못한 까닭을 밝힐 수 있는 실마리이기도 하다. 이 책에서 가장 이해하기 어려운 대목인데, 이 고지만 넘으면 내리막길이다.

철학사의 가장 핵심적인 논쟁 중 하나는 '현상'과 '본질'에 대한 논쟁이다. '현상'은 사물이나 작용이 드러나 보이는 모양을 말하고, '본질'은 사물을 그 자체이도록 하는 고유한 성질로서 감각의 이면에 자리한 보편적 특성을 말한다.

현상으로 대표되는 철학자 니체는 모든 보편성의 폭력으로부터 자기를 구해 내고 인생을 각자의 붓으로 칠하라고 역설했다. 본질로 대표되는 철학자 플라톤은 현실에서 우리가 보는 개별적 사물은 보잘것없는 것이지만 그 사물의 원형(이데아)이 있다고 가르치며 천상을 꿈꾸었다.

전자(현상)가 경험을 강조한다면 후자(본질)는 이론을 강변한다. 니체의 철학이 그 후로 주체-실존적 삶을 강조하는 자유주의자들과 보헤미안의 철학이 된 것에 반해, 플라톤의 철학이 절대존재를 지향하는 기독교 신학의 기반이 되었음은 양자의 극단적 차이를 말해준다.

'현상'은 시시각각 변하고 관찰자에 따라 다양한 차이를 발생시키며 불안정성과 끊임없는 변화와 창조를 대변하는 데 반해, '본질'은 그와는 반대로 통일성, 예외 없는 확고한 규칙, 절대적 안정을 대변한다는 의미에서 이 양자는 하나로 합쳐지기 매우 어려운 특성이 있다.

이러한 특성 때문인지 진보와 보수 논쟁 이면에는 각각 '현상'과 '본질'에 대한 이념이 깔려 있다. 현상에 가치를 두는 진보 진영이 변화와 자유, 개개의 실존을 강조하는 데 반해, 본질에 무게를 두는 보수는 안정과 국가, 애국 등의 획일적이고 추상적인 가치에 무게를 둔다.

현상과 본질의 대립을 한국사에서 찾는다면 조선시대 실학(실리)과 주자학(명분) 논쟁쯤이 될 것이고, 일제 강점기에 이르러서는 독립운동가와 친일파의 대립을 들 수 있을 것이다. 독립운동가와 친일파의 대립을 현상과 본질의 대립 사례로 든 것은, 독립운동가들은 일제에 저항하면서 조선 민중들의 독자적 삶을 주장한 것과 달리, 친일파들은 일본이 부르짖던 대로 '대동아공영권'에 우리 민족이 삼투되는 길을 택했기 때문이다. 후자는 개별자를 보편자에 귀속시키려는 본질론적 사고의 한 형태다. 재미있는 사실은 주자학의 명분론과 일제 강점기의 친일파들의 사고는 하나로 연결된다는 것이다.

조선시대 '노론'은 유교의 명분론(본질론)에 목을 매며 자신들의 기득권을 지키는 것에만 혈안이 되어 있었다. 그 노론 최후의 당수 이완용이 일본의 '을사늑약'을 성사시키는데 앞장선 것은 그의 자연스러운 존재적 특질이었다. 본질론자들은 대세에 따르고, 개별자를 보편자에 귀속시키며, 현상을 본질에 복속시키는 것을 존재의 지당한 특질로 여기고 있기 때문이다. 해방 후 그들 친일파는 미 제국주의에 달라붙었고 획일적 군사문화를 선도했는데, 일본 군관 출신 박정희가 개인의 자유를 억압하는 병영국가를 수립했던 것도 그가 근본적으로 본질론자였기 때문이다.

그들은 지금까지도 정치와 교육, 문화, 사회문제에 이르기까지 획일화된 체제 하에 개인을 통제하는 전체주의 사회를 만들어 내기 위해 총력을 쏟고 있다. 문제는 그 바람이 상당히 잘 이뤄지고 있다는 것이다. 이는 그들 지배 세력이 특별히 똑똑해서가 아니라, 대중의 많은 수가 본질론자의 기질을 가지고 있기 때문이다.

우리 민중은 심지어 신분해방(노비해방)도 일제에 의해 강제되었다. 그때까지 동학교도들을 빼고는 신분 차별에 대한 특별한 문제의식을 가진 집단이 존재하지 않았다. 일본이 신분제를 폐지하기 전까지 우리 민족의 상당수는 "양반과 상놈은 구분된다"는 차별적 사고를 자연스럽게 여기고 있었다. 양반과 상놈은 각각 양반의 본질과 상놈의 본질을 가진 것으로 여겼다. 그렇기에 신분이 낮은 이들이 오히려 노비제가 폐지된 것에 반발하는 경우도 있었다. 민중들은 개인의 자유를 억압하는 체제에 대한 문제의식도 부족했고 저항력도 부족했다. 본질론자의 기질 때문이었다.

역사 속에서 주체와 실존을 제대로 깨어낸 바 없는 우리가, 일본에 의해서 강제로 '개인성'이 주입(개항)당하고, 이후 일제 강점기와 군부독재 시대를 거쳐 현재의 사회상을 갖게 된 것은 당연한 수순이었다. 사람들은 여전히 지배집단이 구성하는 체제와 이데올로기를 맹목적으로 신뢰하고, 허울뿐인 국가와 애국에 목 놓아 울 준비가 되어 있다. 반면, 체제에 문제를 제기하고 저항하는 이들에 대해서는 극심한 이질감을 느낀다. 이러한 대중정서는 지배세력이 소수의 목소리를 억압할 수 있는 동력으로 작용했다. 이렇게 역사 속에 본질론자와 현상론자의 싸움에서 본질론자들은 늘 우위를 차지했다.

특히 현상론자들은 '이념'과 '현실'을 구분할 줄 알기에 현실 속에서 다양한 가치를 허용하는 이념의 상대성을 인정한다. 하지만 본질론자들은 오직 자신들이 믿는 하나의 이념만 옳은 것이고, 그 이념이 바로 실재이고, 절대의 진리라고 주장한다. 이렇게 플라톤으로부터 시작된 본질주의가 종교적 맹목과 유사한 성향을 띠게 되는 것은 어쩔 수 없는데, 모든 본질주의, 즉 일정한 이해를 절대의 가치로 여기는 믿음 자체가 사실은 종교이기 때문이다. 한국 보수정치가 (사회 실천성이 거세된) 보수 기독교, 불교와 밀접하게 공생할 수 있는 것도 기실 그들이 하나의 배에서 나온 형제이기 때문이다. 이 때문에 서양에서는 이미 일찍부터 이러한 절대가치를 지향하는 본질론을 극복하기 위한 전방위적 노력이 시도되었다. "독단의 잠에서 깨어나라"가 그 모토였다.

물론 현상–본질에 대한 사고의 차이를 무턱대고 선악, 옳고 그름의 차이로 등치할 수는 없다. 따라서 '본질론자'들을 다짜고짜 비판할 수 없고, 본질론 자체가 무조건 배척되어서도 안 되며, 현상론을 무턱대고 추앙해서도 안 된다. 현상론은 심하게 말하면 중심 없이 너절하고, 고삐 풀린 망아지와 같은 면도 있기 때문이다. 다만 이러한 구분법은 현실을 해석하고 대응하며 '내가 어디에 서 있는지'를 살펴 균형 잡기에 용이한 척도를 제공한다.

자, 여기까지 글의 맥락을 이해한 이들은 보수만이 아닌 진보 내에도 본질론자들이 가득함을 눈치 챘을 것이다. 앞서 자율과 주체의 실현을 방해하는 존재로 비판해왔던 배타적 이상주의자들은 예외 없이 본질론자들이다. 자기 이상만 옳다고 여겨 그것을 남에게 획일적으로 강요하는 발상 자체가 실은 근대적 정신도 갖추지 못했음을 드러내는 것이다. 사회적 약자를 대변하고 평등·평화를 부르짖는 어떠한 거창하고 위대한 가치도 무용지물이다. 전 근대적 정신 위에 세워진 유토피아는 실은 사상누각이기 때문이다. 이에 따라 보수와 진보의 싸움은 말할 바 없지만, 진보 내의 갈등과 분열도 실은 노선 싸움이 아니라, 시대의식의 충돌에 가깝다.

자신도 모르는 사이에 구태로 전락하지 않고 시대에 온전히 서기 위해서는 치열하게 고뇌해야 할 것들이 많다.

모든 인간은 남성이든 여성이든 말씨나 행동 속에 드러나는 각 인물을 판단하는 열쇠를 발견할 수 있는 최종단계에 이르기까지는 수수께끼가 된다. 그러나 그 열쇠가 발견되기만 하면 그 뒤에는 예전 말씨나 행동이 우리들의 눈앞에 밝게 드러나는 것이다.

— 랠프 월도 에머슨 (1803~1882, 미국의 시인이자 사상가)

공포로 움직이는 뇌

진보와 보수의 특징을 이해하는 것은 사회적 성격을 이해하는 길이며 동시에 그 사회적 성격이 압축되어 있는 각자의 정신 구조를 살피는 노력이기도 하다. 앞서 진보와 보수의 인식론적 특징을 살폈으니 이제 생리적 특성을 알아보자.

영국 엑서터 대학과 미국 캘리포니아 샌디에고 대학의 공동연구팀이 80명의 사람을 대상으로 '정치 성향과 뇌 반응의 관계'를 연구했다. 이들은 공화당을 찍은 사람들을 보수적이고 민주당을 찍은 사람을 진보적이라고 단순화한 후에 뇌 속을 스캔했는데, 놀라운 발견을 했다. 보수적인 사람들은 주로 불안과 공포, 증오를 담당하는 우측 편도체의 기능이 활발했고, 진보적인 사람들은 사회의식 및 자아인식을 담당하는 좌측 섬엽의 기능이 활발했다. 똑같은 상황에서도 전혀 다른 뇌의 영역이 움직였다. 이 연구 결과는 왜 진보와 보수가 접점을 찾기 어려운지를 설명해준다.

보수적 사고는 나와 너를 구분·경계 짓고, 울타리 치는 습성이 있다. 진보적 사고가 체제에 저항하고 경계를 넘나드는 특성이 있는 것과 다른 점이다. 보수는 울타리 바깥에 대한 공포로, 이에 대응하기 위한 무장과 공격을 당연하게 여긴다. 이것은 판단의 순간에 '불안과 공포'의 뉴런이 자극되기 때문이다. 일단 불안-공포감이 엄습하면 이성의 기능은 마비되고, 자신과 다른 것은 배척해야 할 것이 된다.

북한에서 미사일 쏘아 올릴 때 진보는 '그러는가 보다' 하지만, 보수는 불안과 공포로 어쩔 줄 몰라 하는 것도 그런 이유 때문이다. 그들은 진짜로 자신의 안방에 미사일이 떨어질까 봐 두려운 것이다. 그러니 생존을 위해 '타도'를 외쳐야 한다. 그 타도의 대상은 북한 정권만이 아니다. 자기들 생각에 동조하지 않는 좌파도 타도의 대상이다. 그것은 그들이 얼마나 큰 '불안-공포-증오'에 시달리고 있는지를 말해준다. 보수단체 노인들이 가스통 들고 난리를 피우는 것은 당당한 자부심의 결과라기보다는 극도의 불안과 공포, 증오의 결과일 수도 있다는 것이다.

정치인과 언론매체는 그러한 보수의 불안과 공포, 증오를 끊임없이 자극한다. 진보는 그러한 얘기에 콧방귀를 뿜어내지만, 보수의 편도체는 격렬히 반응하며 눈앞의 모든 것을 빨갛게 칠한다. 보수의 자극된 생존본능은 살아남기 위해 나와 다른 것들을 기꺼이 적으로 규정하고 공격할 준비를 완료하는데, 이는 공포를 먹고 자라는 파시즘의 전형적 특성이다.

편의적으로 보수가 불안과 공포에, 진보는 창조와 개방에 잘 반응한다고 구분했다. 하지만 실제로는 창조적이고 개방적인 보수들도 많고, 반대로 불안과 공포의 생리로 움직이는 (자칭) 진보도 많다. 그 때문에 애매한 경계선상에서 진보인지 보수인지 구분이 안 되는 사람들이 있다. 단순히 진보정당 지지하고 활동한다고 진보가 아니다. 그 말과 행동의 이면을 들여다보면 진보라는 옷을 잘못 입고 있는 경우가 허다하기 때문이다. "극과 극은 통한다"는 말이 있는데, 진보의 극과 보수의 극은 그렇게 '불안과 공포, 증오'라는 연결고리로 하나로 이어진다.

진보와 보수를 나누는 편의적-종적 구분 대신 불안과 공포, 증오라는 키워드를 통한 횡적 구분으로 세태를 들여다보면 세계에 대한 이해가 훨씬 풍부해진다. 누구나 자기만의 불안과 공포, 증오는 있다. 그리고 그것에 삶이 발목 잡히기에 이 연구는 자기 성찰을 향한 장정의 첫 걸음이기도 할 것이다.

자, 이제는 인간 주체와 자율의 문제에 관한 알파와 오메가인 '욕망'의 문제를 들여다볼 차례이다.

두려움에서 미움에 이르는 길은 매우 짧다.

— 이탈리아 속담

욕망의 수렁

에피쿠로스는 "못 가진 것에 대한 욕망으로 가진 것을 망치지 말라. 하지만 지금 가진 것이 한때는 욕망했던 것 중 하나였다는 것도 기억하라"는 말로 욕망을 잘 관조해 쾌락에 이르는 길을 제시했다. 스토아학파는 이성 중심의 행복 '아파테이아'를 주장했는데, 이는 서양 금욕주의의 효시였다. 프로이드는 모든 인간의 욕망은 '리비도(성욕)'에 기반해 있다고 했고, 아들러는 '권력욕'이 인간의 근본 욕구라고 했다. 종을 칠 때 침을 흐르게 만드는 댕댕이 조건반사 실험 전문가들인 행동주의 심리학자들에게 욕망이란 그야말로 기계적인 '반사작용'일 따름이다. 매슬로는 생리적 욕구로부터 안전에 대한 욕구, 애정과 소속에 대한 욕구, 자기 존중의 욕구를 거쳐 자아실현의 욕구에 다다르는 욕구 5단계설을 주창했다.

자본주의 시장경제에서의 욕망은 수요와 공급을 조절하는 합리적인 동인으로 규정되고, 이러한 자본주의 경제를 비판적으로 분석한 마르크스는 기본생리인 식욕이 모든 욕망의 근원이라고 주장한다. 먹고살기 위한 욕망을 넘어선 잉여생산물의 축적과 자본가들의 탐욕에 대해 그는 반감을 가질 수밖에 없었다.

불교에서는 8만4천 가지의 번뇌를 일으키는 가장 큰 원인이 욕심과 분노, 어리석음이라고 규정하고 있다. 하여 그 세 가지로부터 자유로워지기 위해 아상을 벗겨내는 것이 수행의 목표이다. 기독교는 인류의 조상이 '사과 절도'를 했을 때부터 욕망을 죄악시했는데, 현실을 손가락 사이를 빠져나갈 모래 알갱이로 규정하면서 천국의 삶을 위해 모든 것을 하느님에게 맡길 것을 종용하고 있다.

물질에서 몸, 마음, 영성, 우주심까지를 아우른 사상가 켄 윌버는 인간의 의식이 몸에서 정신으로 그리고 영성, 우주로 뻗는데 그것을 통합하는 것이야말로 인간 욕망의 가장 적절한 실현이라고 주장했다. 들뢰즈는 욕망은 개인의 존재가 만들어 내는 것이 아니라 나와 나 아닌 것과의 관계에 의한 계열화, 배치에 의해서 만들어지며 욕망 그 자체를 권력과 거의 같은 것으로 규정했다.

앞선 모든 이론적 분석이 나름대로 시사하는 바가 있는데, 어찌되었든 우리는 평생을 살아가면서 다양한 욕구의 위계 사이에서 끊임없이 역동한다는 것이다. 창밖을 내다보며 한숨을 쉬는 그 짧은 순간에도 무수한 감정과 사고와 욕망의 혼재를 경험한다. 의식에서 무의식을 가로질러 개인의식으로부터 원형의식을 거쳐 초의식으로까지 뻗어 있는, 성욕과 권력욕, 자존욕, 합일욕구 등이 '나'라는 주체를 중심으로 복잡하게 얽히고설켜 있는 그 무엇을 매 순간 경험하게 된다. 거기에는 인간성의 통합, 자연과의 일체감, 우주와의 합일 등이 포함된다.

문제는 많은 사람들이 그 너른 욕망의 바다를 어렴풋이 직관하긴 하지만, 그것을 의식화하지는 못한다는 것이다. 그러니 욕망의 실체를 제대로 들여다보고 자신의 전체성으로 통합해 내지 못한다. 인문학적으로 훈련되어 있지 않고 직관이 빈약해 인지반경이 협소하고, 감성은 싸구려 향락주의에 수렴되어 있다. 다른 사람보다 더 잘 먹고 잘살기 위한 '대중소비적 인식'에 욕망의 초점이 맞춰진다.

중요한 것은 이렇게 자신의 개인성을 대중소비적 욕망 실현을 위해 허비하는 이들이 겪는 혼란이다. 이들은 종종 개인성을 넘어선 무의식과 원형의식, 자연성과 초월성의 요구를 어렴풋이 듣고, 이에 따라 막연한 선망과 불안, 부조화에 시달린다. 하지만 이를 면밀히 들여다보고 자신의 것으로 만들어 낼 수 있는 성찰에 실패한다. 일상이 잘 먹고 잘 살려는 노력들로 점철되어 있어 자존을 들여다볼 시간이 없는 것은 물론이거니와, 일상에 의한 피로를 풀기 위해서는 끊임없는 소유와 소비로 스스로를 도피시켜야 하기 때문이다. 이렇게 자기를 직면할 필요나 용기를 느끼지 못한 이들이 평생을 잡을 수 없는 뜬구름과 영적 결핍 속에서 살아갈 수밖에 없는 것은 그들이 스스로에게 내린 저주이다. 설령 어떤 특별한 통찰(자기 너머의 세계)을 느꼈을 때에도 평소 훈련된 편협함은 그 광대한 세계의 스펙트럼을 수용하기에 어려움이 있다. 잠깐의 잉여적 직관으로 흘려보내거나, 신에 대한 감성적 믿음, 혹은 거창한 정의감으로 환원해 한 주에 한 번씩 살풀이 하듯 집단적으로 풀어 낼 뿐이다.

'이상주의'도 기실 자기 욕망에 자아가 잠식된 폐해의 결과이다. 어떤 생각(이상)이 자기도 모르게 계속 머릿속에 반복되고, 그 생각이 실현되지 않는 것에 조바심이 생겨 분노하며, 남에게 강요하고 불화를 만들어 내는 것은 배타적 이상주의자들의 특성이다. 이들은 주체적·자율적으로 생각하는 것이 아니다. 생각이 자신을 압도해서 그런 생각을 하지 않을 수 없게끔 생각에 떠밀려가다시피 하는 것이다. 통제할 수 없는 욕망이 '돈'에 결합되면 사기꾼이 만들어지고, '성'에 결합되면 성범죄자를 만들어 내며, '이상'에 결합되면 이상주의자가 만들어진다. 배타적 이상주의자들은 대의로 포장되어 있어 고결하게 보이는 착시 효과를 주지만 기실 자기 욕망을 다루는 데 실패한 이들이다. 정신이 욕망에 잠식되어 심적으로 불균형한 상태이다.

칼 구스타프 융은 이러한 불균형을 해소하기 위해 욕망(그림자)과 가면(페르소나)의 화해와 융합을 강조했다. 누구나 욕망(그림자)이 있고 누구나 가면(페르소나)을 쓰고 살고 있는 현실에서, 그 양자가 가장 적절한 균형점을 잡고 능동적이고 생산적으로 종합되어야 한다는 것이다. 이는 질서를 혼돈과 접목하는 길이고, 분노와 사랑을 종합하는 노력이며, 앎을 실천으로 이어가는 방법이다. 정신과 육체를 통합하는 과정이고, 나와 사회를 하나로 엮는 일이며, 삶과 죽음을 화해시키는 길이기도 하다. 동양에서 말하는 중용의 도는 이와 맥이 통한다. 욕망과 가면, 이 양자를 융합시키지 못할수록 정신은 중심을 잃고 헤매게 된다. 앞서 논한 각종 정신병리와 이상주의, 그리고 극단주의는 삶의 광범

위한 스펙트럼에 욕망을 종합하지 못하고, 좁은 이해에 욕망을 구겨 넣은 결과로 빚어진 내적 분열의 결과이다.

따라서 욕망의 본질, 현상, 작용을 이해하고 다스리는 노력은 자율과 주체 확립의 중요한 과제이다. 옛 선인들은 "처음에는 떠나지 않고, 도중에는 깨닫지 못하고, 결국에는 빠져 죽는다"는 말로 욕망의 기묘한 침투성을 경계했다. 사회참여 활동에 관심 있는 이들이 평생을 들여다보며 공부해야 할 문제이다.

탐욕은 일체를 얻고자 욕심내어 도리어 모든 것을 잃어버리게 한다. ― 몽테뉴 (1533~1592, 프랑스 철학자, 사상가)

불안의 두 얼굴

프랑스 작가 알랭 드 보통은 사회가 요구하는 성공의 이상에 부합하지 못할 때 존엄을 잃을지도 모른다는 '지위로 인한 불안'의 특성을 분석했다. 스스로 등급을 매겨 자신이 서열의 몇 번째에 있는지 고민하느라 인생을 낭비하는 것 역시 이러한 불안에서 온다. 그는 인문학적 상상력으로 불안의 실체를 분석하고 이해하는 것이 그 불안을 극복하는 한 방법일 수 있다고 제안했다.

에리히 프롬은 중세 공동체의 속박으로부터 해방된 근대적 독일인들이 파시즘으로 귀착한 과정을 『자유로부터의 도피』에서 분석했다. 여기서 그는 '급작스러운 자유를 누려야 하는 것에 대한 불안'을 이기지 못한 독일인들이 그 자유를 초법적 권력인 히틀러에게 양도한 것을 파시즘의 원인으로 보았는데, 이는 현대사회에도 그대로 통용된다.

행동주의 심리학은 '불안의 조건화'를 통해 인간의 행동이 규정된다고 보았다. 이를 가장 잘 써먹는 집단이 바로 사법기관이다. 사법기관은 인간의 특정 행동을 범죄로 규정하고 이 죄에 대한 처벌을 부과하는데, 이러한 조건화의 결과로 사람들은 범죄로 규정된 행동을 하려 할 때에 불안이 엄습하고 행동은 제약을 받는다. 국가는 이러한 심리를 악용하여 공안몰이까지 자행하며 국민들을 통제하곤 한다.

뿐만 아니라 어떤 일을 책임져야 할 상황에 부딪히거나 미래에 대해 고민할 때에도 불안이 엄습한다. 자잘한 개인사부터 격렬한 사회적 투쟁에 이르기까지 이 불안은 '옷에 붙은 껌딱지'처럼 들러붙어 인생을 방해하는 요인이 된다. 이 때문에 키르케고르는 "아무리 날카로운 판관이라도 불안을 능가하는 솜씨로 피고를 취조하고 심문하여 꼼짝 못하게 만들 수는 없다. 생각을 바꿔 봐도, 소란을 피워 봐도, 일을 해도, 놀아도, 낮이 되어도, 밤이 되어도 여기서는 벗어날 수 없다"며 불안의 집요함을 묘사했다. 이 불안에 목이 조여 인간은 성공을 향한 일념으로 달리고, 수단과 방법을 가리지 않는 결과론에 매달리며, 집단의 광신에 동조하고, 부조리한 사회 현실에 침묵한다.

감정을 잘 다스려야 할 필요는 이 때문이다. 불안의 감정이 밀려오고 그에 휩쓸려 압도되면 세상은 적대적인 것이 되어버리고 그 반대 급부로 주변을 할퀴게 된다. 유난히 주변 사람들에게 호전적 반감을 드러내는 이들은 불안의 감정을 다루는 데 실패한 이들이다. 불안뿐이 아니다. 짜증, 분노, 증오, 절망의 감정도 마찬가지이다. 이러한 감정을 다루는 능력이 부재한 이들은 감정의 포로가 된다. 감정이 치밀어오르면 그 감정이 적절한지 따지지 않고 자신의 감정에 맞추어 상황과 현실을 해석하고 극단으로 치닫는다. 짜증이 밀려오는 때에 앞차가 서행하고 있으면 앞차 때문에 짜증이 난다고 여기고, 분노가 밀려올 때 마침 친구의 흠이 보이면 친구에게 분노를 쏟아내고, 증오심이 폭발할 때 앞에 보이는 사람은 그 증오의 표적이 되며, 절망감이 밀려올 때에는 인생의 가장 찬란한 순간도 어둠의 장막에 가리우게 된다. 자기 주체가 감정을 통제하는 것이 아니고, 감정이 자기를 휘두르는 것이다. 원인과 결과가 뒤바뀌어서 빚어지는 문제이다. 조울증 환자들이 보이는 특성이기도 하다. 어떤 감정이 밀려왔을 때 '이 감정이 적절한 것인가?' 하고 한 번만이라도 의문을 갖는 습관을 가진다면 빚어지지 않을 일이지만, 그 잠시의 여유를 갖지 못해 감정에 휩쓸려 빚어지는 참화이다. 그 모든 부정적 감정의 제왕인 '불안'을 면밀히 들여다보고 자기 통제 아래 두어야 할 필요는 두말할 나위 없다.

그런데 특이한 사실은 불안의 반대쪽에 앞서 논한 욕망이 한 세트로 자리하고 있다는 것이다. 욕망이 없으면 불안은 존재하지 않는다. 반대로 불안이 있는 것은 욕망이 존재한다는 증거이다. 이 때문에 욕망을 내려놓으면 자신을 옥죄던 불안도 사라진다. 다시 말해서 "될 대로 되라!", "살고자 하면 죽을 것이요, 죽으려 하면 살 것이다", "하느님 뜻대로 하옵소서", "인생무상이다" 하고 받아들이는 순간 '특정한 결과를 얻지 못할까 봐 생기는 불안', '위험에 대한 불안'

등이 사라진다. 불안과 욕망의 밀접한 관계를 이해하면, 좀 더 능동적으로 생에 대처할 길이 열리는 것이다.

이 얘기의 함의는 정체성 붕괴의 위험을 무릅쓰고 불안을 마주할 때, 새로운 단계로 우리의 정신이 도약할 수 있다는 말이다. 작은 욕망을 움켜쥐고, 자기 이상을 부여잡고, 그것을 빼앗기지 않으려는 불안에 시달리지 말고, 그것을 툭 내던졌을 때 예상치 못한 전환이 일어난다. 자존의 좁은 이해와 익숙함과 히스테리, 피해의식, 망상, 증오, 이상의 '안락한 요람'을 벗어나 미지로 한발을 내디딜 때, 묘하게도 이 순간에 자아는 확장하고 실존은 새로운 차원으로 도약한다. 그런 면에서 자기 삶에 닥친 불안, 위기, 환란이야말로 우리를 성장시킬 수 있는 최적의 기회이다. 불안의 양면성을 제대로 살피는 것에 주체와 자율의 향방이 달려 있다.

개인이 자아를 실현하고 환경을 정복하려면 불안을 견디는 능력이 중요하다. 자기실현은 이런 충격에도 불구하고 앞으로 나아갈 때에만 가능하다. 불안을 건설적으로 사용해야 한다는 의미이다. — 커트 골드스타인 (1878~1965, 독일 신경학자)

우주적 낭비

이 책에서는 인간 의식의 가장 깊은 핵을 이루는 '실존'으로부터, 진화 과정에 누적된 다양한 인간의 심리적 특성에 대한 논의를 거쳐, 사회참여적 인간으로서 겪는 각종 분란, 보수성과 진보성의 갈등의 문제 등을 다뤄왔다. 이러한 문제들이 어떤 의미를 갖는지 이해하기 위해 우리는 이미 익숙해진 그 문제들로부터 한발 물러나 넓은 시야로 우리 자신의 존재를 조망해 볼 필요가 있다. 머리 위에 별이 빛나는 하늘을 잠깐 올려다보자.

1609년 갈릴레오가 만든 천체 망원경으로 토성의 고리, 태양의 흑점 등을 관찰하기 시작한 이후 인류는 점점 더 먼 우주에 관심을 가졌다. 하지만 '지구 대기에 의한 화상 떨림 현상' 때문에 아무리 좋은 망원경을 만들어도 지구상에서는 먼 우주를 살피는 데 근본적인 한계가 있었다.

1946년 천문학자 라이만 스피치는 이를 극복할 '우주 망원경'을 제안했다. 천체 망원경을 지구 밖으로 쏘아서 운영하자는 주장. 하지만 어렵사리 1969년부터 시작된 우주 망원경 프로젝트는 예산 문제로 한때 중단되었다. 막대한 비용이 들어가는 초대형 프로젝트였으니, 냉전 시기에 군비 충당하기에도 바쁜 미 정부로서는 부담이 컸을 것이다. 하지만 스피치는 유럽우주국으로부터 추가 지원을 받아 다시 프로젝트가 진행되도록 미 정부를 움직였고, 결국 최첨단 광학-우주 공학기술로 만들어진 망원경은 1990년 4월 24일 디스커버리호에 실려 우주로 발사되었다.

우주가 팽창하고 있음을 맨 처음 발견한 천문학자 에드윈 허블의 이름을 딴 이 '허블 우주 망원경'은 지구 상공 610킬로미터에 안착해 96분 주기로 지구를 돌면서 인간보다 100억 배 뛰어난 매서운 눈으로 우주를 주시하고 있다. 기대 수명 15년을 훨씬 넘겨 28년째 우주의 파수꾼 역할을 하고 있는 허블 우주 망원경은 지금까지 100만 장의 사진을 찍어 보냈는데, 그중 하나의 사진이 바로 '허블 딥필드'라는 사진이다. 그 사진을 찍기까지의 과정 자체가 참으로 큰 모험(?)이었는데, 이 사진은 인류의 세계관을 바꿔 놓았다.

허블 망원경을 운영하던 천체물리학자들은 검게 보이는 우주 공간이 실제로 텅 비어 있는 것인지 의문을 가졌다. 하지만 공허하게 보이는 우주 공간에 망원경의 초점을 맞추는 데에는 엄청난 기회비용 문제가 있었다. 어두운 부분을 찍으려면 그만큼 노출 시간이 길어져야 했는데, 최소 10

일 동안은 다른 작업을 할 수 없었기 때문이다. 그게 뭐 대수일까 여길 수도 있겠지만, 허블 망원경 프로젝트에 지금까지 10조 원이 투입되었다는 사실을 볼 때, 10일 넘게 캄캄한 우주를 향해 '멍 때리고' 있는 것은 100억 원 이상이 들어가는 거대한 프로젝트였다.

하지만 계획은 실행되었다. 허블은 큰곰자리의 아주 어둡고 작은 2.5각분에 초점을 맞췄다. (1도는 원의 각도를 360으로 나눈 것 중의 1이고, 1각분은 그 1도를 다시 60개로 나눈 것의 한 조각으로, 바늘 끝보다 좁은 면적이다.) 다시 말해 천구를 2,500만 개의 구획으로 아주 작게 쪼갰을 때, 그 한 개의 크기를 허블 망원경은 주시했다. 그것은 단지 세밀한 집중만이 아닌, 영원에 다다르는 관조이기도 했다. 수백 수십억 광년 떨어진 곳의 별빛을 모은다는 것은 장대한 과거를 들여다본다는 의미였기 때문이다. 1995년 12월 18일부터 12월 28일까지 11일의 노출 기간 동안 3백 장의 사진이 찍혔고 이를 합성해 '허블 딥필드'라는 한 장의 사진이 만들어졌다.

이 사진을 보고 천문학자들은 경악했다. 공허한 공간이라고 여겼던 캄캄한 우주에 수천 수만 개의 은하가 빼곡하게 들어차 있었던 것이다. 여기에 전체 천구의 크기(2,500만 배)를 곱하면 우리가 사는 우주에 이러한 은하가 최소 수천

억 개가 된다는 산술 결과를 얻을 수 있다. 우리가 흔히 "우주에는 수천억 개의 은하가 있다"고 얘기하는 것은 '우주적 광대함'을 표현하는 단순한 수사가 아니다. 1995년 허블 우주 망원경이 이 '허블 딥필드'를 보내온 후 산술적으로 계산한 결과인 것이다.

또 하나의 우주 망원경이 발사될 예정이다. 정육각형 반사경 18개를 하나로 모아 6.5미터의 거대한 반사경을 갖는 '제임스 웹 우주 망원경'이다. 이 프로젝트는 이미 1995년부터 진행되었는데, 2021년 발사가 성공적으로 이뤄질 경우 인류는 허블 망원경보다 100배 높은 감도로 더 깊은 우주를 관찰하게 될 것이다. 그렇게 된다면 이후 과학 교과서에는 우리가 사는 우주에 대해 "수천억 개의 은하"라는 표현이 아닌, "수천경의 은하" 같은 낯선 표현이 새로 등장할지도 모른다.

하지만 이러한 우주적 규모에 기죽을 필요는 없다. 우주가 상상할 수 없이 광대하고 영원을 품고 있는 것과는 별도로 우리 각자는 그 우주의 중심에서 초롱초롱 빛나는 별이기 때문이다. 그 사실을 안다면 우리는 욕망의 다람쥐처럼 집에 먹을 것을 많이 쌓아 두는 것에 인생을 낭비하거나 그 충족이 여의치 않다고 끊임없이 조바심과 불안에 시달리며 삶을 갉아먹지 않아도 된다. 자조와 열등, 자학의 상처를 덮기 위해 끝없는 말잔치를 벌이지 않아도 된다. 타인에게 발목 잡히고, 타인의 발목을 잡으며, 서로 먹고 먹히는 타율의 수렁 속으로 빠져들 일도 없다. 그냥 별이 빛나는 하늘 아래 자신의 삶을 덤덤히 살아가면 그만이다. 이를 알기 위해 허블 우주 망원경의 시력이 필요한 것은 아니다. 눈앞의 거울 속에 비친 자신의 모습을 제대로 살필 여력만 있으면 된다.

우리는 우주 공간을 떠도는 작은 점에 불과하다.

그러니 서로 사랑하지는 못하더라도 미워하지는 말자.

— 칼 세이건 (1934~1996, 미국의 천문학자, 작가)

나의 원죄

한겨울이었던 2018년 1월, 북극의 기온이 평년보다 30도 높았다고 한다. 영상 2도까지 오른 기온으로 빙하가 빠르게 녹고 있는 것에 기상학자들은 경악하고 있다. 그렇게 빙하가 녹아 찬 공기가 만들어지고 그 찬 공기가 남하하면서 2018년 4월 초에는 곳곳에 우박이 내리기도 했고 4월 중순에 강원도에 폭설이 내려 스키장을 깜짝 개장하기도 했다. 북극의 얼음이 다 녹기 전까지 이러한 '난데없는 한파'가 늦봄까지 몰아치겠지만, 그 빙하가 다 녹은 후 불지옥이 시작될 것이다.

평균 기온이 1도 오르면 농작물 생육이 10퍼센트 감소하고 수많은 인류가 기아에 몸부림쳐야 한다. 이번 세기가 끝나기 전까지 최소한 3도는 오를 것이라고 기상학자들은 내다보고 있다. 이로 인한 생태계 균형 파괴 때문에 끔찍한 재앙이 예상된다. 매년 한반도 3분의 2 크기 면적이 사막으로 변하고 수천만 명이 물 부족, 식량 부족 등으로 아사하는 현실을 보면, 앞으로 우리 후손들이 겪어야 할 고통은 상상하기도 끔찍하다. 이것이야말로 '적폐 중의 적폐'이다.

이러한 지구 온난화는 우리 각 개인이 200년 전보다 평균 2천 배 이상 많은 에너지를 소비하는 대중소비사회의 공모 속에서 빚어지는 일이다. 즉, 한 달 100만 원 이상의 벌이를 하는 평범한 대중들이 빚어내는 사건이다. 100만 원 버는 것이 뭐가 문제냐? 하고 여길 수 있지만, 그것을 당연히 여기는 일상 자체가 거대한 야만인 것이다. 그것을 당연히 여기는 일상 60억 개가 모여 작금의 지구적 재앙이 발생하기 때문이다.

기실 보수·진보 정권이 엎치락뒤치락 해오던 것은 수천 년 전부터 끊임없이 반복해 오던 사건이고, 어찌 보면 그 차이라는 것은 '그 나물에 그 밥'이다. 하지만 작금의 생태계 붕괴, 후손들의 존립 위기는 유사 이래 인류가 처음 맞이하는 심각한 재난이다. 1인당 세계 최고 수준의 온실가스를 배출하는 우리 국민들은 더 말할 나위 없다. 따라서 적응된 일상에 대한 자성과 생활 방식의 극적인 전환을 통해서 해결해야 한다. 하지만 스스로 삶을 바꾸고 싶지는 않고 자신이 누리는 편리를 거부하기 싫다. 그렇기에 인류사의 가장 큰 적폐를 정면으로 문제 삼지 못하고 있는 것이다.

대신 정의감은 과시해야겠으니 주변으로 총구를 돌린다. 자신의 책임을 직면하기 싫으니 거창한 사회적 명분으로 도피하는 것이다. 자기 취향에 맞는 적당한 정치인에 매달리고, 사회적 약자와 소수자의 권리 찾기에 맹렬한 전투력을 과시한다. 자신의 정치, 사상, 이념, 가치, 기호와 다른 사람들의 불의에 대해 울분을 토한다. 남에게 손가락질하는 것은 쉽기 때문이다. 그렇게 자기 성찰 없는 정의감에 불타는 이들일수록, 조장되는 타인에 대한 미움과 증오에 잘 휩쓸린다.

문제는 이러한 다양한 갈등과 논쟁의 핵심은 '밥그릇'이라는 것이다. 조금이라도 많은 밥=자원을 더 많이 차지하기 위한 싸움에 '정의'라는 명분이 씌워져 있다. '정의'를 둘러싼 대부분의 투쟁이 실은 자원고갈과 환경파괴로 기후변화를 가속화하는 거대한 적폐 톱니바퀴의 한 부분을 구성하고 있는 것에 불과하다는 것이다. 기실 우리가 '적폐'라고 규정해 타도의 기치를 높이는 이들은 우리보다 좀 큰 밥그릇의 욕심을 가졌을 따름일 뿐 우리 자신도 자기 몫 이상의 밥그릇에 정신을 빼앗긴 것은 마찬가지이다. 이러한 실태를 살피지 못하는 자성 없는 투철한 이상, 사명감, 정의감만으로 자기들 방식의 정의를 이루겠다고 경합하는 모습은, 영화 〈식스센스〉의 주인공을 방불케 한다. 타도하려고 쫓아다녔던 대상이 결국은 자기 자신이라는 이야기. 자신의 원죄를 모르다 보니, 남들 말꼬투리를 잡고 늘어지는 데 온힘을 쏟고, 사소한 개념 하나 가지고 세상 무너지듯 호들갑을 떤다. 정의의 나팔이 울리는 만큼 세상이 어둠 속에 가라앉는다.

내가 그동안 자동차 면허, 냉장고, 세탁기, 전자레인지도 없이 생활하고 있는 것, 불과 3년 전까지는 '무주택주의'를 고수해서 집 없이 남의 가게와 사무실 구석을 돌아다니며 박스 세 개의 짐을 유일한 재산으로 가지고 살아왔던 것, 배낭 메고 전국을 유랑하며 참회 활동을 했던 것은 그러한 문제의식의 발로였다. 이렇게 내 자신의 원죄를 절감하며 살다 보니 사소한 차이와 이해 대립 때문에 주변 사람들에게 창끝을 겨누는 우를 범하지는 않는다. 내 자신이 죄가 많기에 웬만큼 배알이 꼬이기 전에는 함부로 남을 단죄하지 않는 것이다. 하지만 이러한 원죄를 모르는 이들은 스스로를 '절대선'으로 규정한 후에 주변 사람들을 가차 없이 심판한다. 아무 일 아닌 사건을 세상이 무너질 것같이 과장 확대해석하고 거기에 '정의'의 수식을 갖다 붙인다. 민주-진보진영 내의 끝 간 데 모르는 갈등과 분열은 그러한 '자성 없는 정의감' 때문에 빚어진다. 자, 그런데 환경문제에 관한 것은 내 관점에서 생각하는 원죄이고, 각자의 관점에서 원죄가 다를 수 있다. 그만큼 정의의 창날을 휘두르는 데 조심해야 한다는 것이다.

여유와 돌아봄, 비움과 낮춤이 필요한 것은 바로 이 때문이다. 목소리를 높이는 것보다 낮추는 것이 더 큰 지혜이고, 때론 앞으로 나서는 것보다 뒤로 물러서는 것이 더 큰 용기인 법이다. 지적하고 따져 묻는 단호함보다, 침묵하고 물러서는 배려가 더 큰 사랑일 때가 있다. 자기 원죄를 반성하고 스스로를 돌아보는 여유로부터 우리 사회의 복잡하게 얽히고설킨 갈등과 분열을 해소하고 주체를 바로 세울 실마리가 만들어진다. 이 과정을 통해 자신의 내적 불화를 치유하면 '성찰 없는 정의감'이라는 재앙을 피해 갈 수 있다. 그 결과 세상은 훨씬 덜 적대적인 곳이 되고 싸울 때와 화해할 때를 분간하여 힘의 선택과 집중이 가능해진다. 이때 정신은 중용에 근접한다. 눈앞에 보이는 감각적인 것과 자기 내면의 어두운 그림자에 휘둘리지 않게 된다. 굳건한 의지와 실천적 이상은 실질적 변화의 추동력이 된다. 정의의 나팔 소리를 듣고 모인 주체들은 더 이상 서로 싸우지 않고 함께 손잡고 낙원을 향해 진군한다.

반성하는 자가 서 있는 땅은,

가장 훌륭한 성자가 서 있는 땅보다 거룩하다. —『탈무드』

4

고급

고수의 비법

제정신일 리 없는 나

재수해서 뒤늦게 대학에 들어가 내가 가장 먼저 한 일은, 학교 상담소에서 심리검사를 받는 것이었다. 오래 전부터 내 정신상태가 어떤지 잡다한 사상서와 심리학 관련 서적들을 보며 스스로 연구하고 있었는데, 이참에 전문가의 진단을 받고 싶었다.

검사 후 상담소장은 내 검사지를 살펴보더니 "음, 정상이에요. 별 문제 없어요" 하고 대수롭지 않게 대답했다. 나는 뜻밖의 결과를 받아들일 수 없었다. 왜냐하면 나는 그때까지 이십 몇 년 동안 이 '비정상적으로 돌아가는 사회'에 '적응'해서 살아온 사람이었기 때문이다. 그런 내가 어떻게 '정상'일 수 있는가?! 나는 그걸 도무지 이해할 수 없었다.

그래서 상담소장에게 내가 정상일 수 없음을 이해시키려고 노력했고, 소장은 내가 정상이라는 것을 이해시키려는 역설적인 공방이 벌어졌다. 그러한 논쟁은 일주일에 네 시간씩 한 학기가 끝나는 날까지 이어졌다. 치열한 난타전의 연속이었다. 그 상담의 마지막 날에 상담소장은 "다음 학기에도 와라"며 내가 '지속적인 상담이 필요한 인물'임을 확인

해 주었다. 역시 예상대로 내가 정상이 아닐 거라는 추측이 맞았다는 희열이 밀려왔다. ㅜㅠ

하지만, 다음 학기에 나는 상담소를 찾아가지 않았다. 심리학을 전공한 상담가의 입에서 나오는 얘기는 늘상 "네 마음을 편히 하는 길을 찾으라"는 것이었을 뿐, '현대사회의 구조적 부조리'에 대한 이해가 전무해 보였기 때문이다. 내 마음의 문제는 내 마음을 편히 해서만 해결할 수 있는 것이 아니라, 이 사회의 구조와 관계의 역학 속에서 들여다봐야 했다. 또 그러한 앎은 단순히 이해한다고 끝나는 것이 아니라, 사회적 실천을 통해 내 것으로 체화하는 과정이 필요했다. 그 과정의 끊임없는 반복을 통해 사회는 건강해지고 그 사회 속에서 나 역시 건강해질 기회를 얻을 수 있기 때문이다. 하지만 상담소장이 하는 얘기는 "마음을 편히 가져라"는 말의 기계적 반복이었다. 결국 나는 제정신이 아님을 인정해 준 소장님의 따스한 관심과 배려(?)를 거부하고 또 다른 세상을 찾아 나서야 했다. 그러한 '익숙한 세상으로부터의 떠남'은 지금도 계속 반복되고 있다.

인간이 그간 적응해 온 삶을 당연하게 여기고 안주하는 것은 자연스러운 생존본능이기는 하다. 만약 그러지 않고 삶을 회의하는 순간, 그동안 발 딛고 있던 지반은 무너지고 허무가 밀려올 것이기 때문이다. 하지만 현실에 안주하는 순간, 시야는 좁아지고 각자의 실존은 세태와 시류의 표면 아래로 침잠한다. 자존은 사라지고 집단의 관성만 작용한다. 타인의 기대에 따라 '해야만 하는 것을 원하는 삶'을 살게 된다. 이 사회가 창조적 개인들의 역동이 아닌, 뭉뚱그려진 집단의 요동인 것은 그 때문이다.

자기 존재의 기반을 거침없이 무너뜨리고 자신의 '정상성'을 의심하며, 세태에 휩쓸리지 않고 주체와 자율의 길을 뚫는 것은 싸움의 고수가 되는 관건이다.

가는 곳마다 주인이 되고, 서 있는 곳마다 진리가 되라.

— 임제 선사 (당나라 승려)

휩쓸리지 않기

2019년 1월 윌리엄 아키라는 NBC의 군사안보 전문기자는 30년 동안의 기자 생활을 마무리하는 고별사를 통해 자신이 몸담았던 방송국은 물론 진보언론에 일침을 가했다. 주류 언론들이 트럼프의 극우적 성향에 대한 반감 때문에 그가 추진하는 모든 정책을 비판하는 것이 결과적으로 극우가 원하는 세상이 도래하게끔 힘을 실어준다는 것이다.

그는 특히 북미 관계의 진전을 이루고 있는 트럼프에 대해 사사건건 시비만 거는 언론을 비판했다. "한반도 평화를 위한 트럼프의 정책까지 트집 잡아야 하나?"며 기자들의 자성을 촉구했다. 본인 자신도 트럼프를 싫어하기에 기자들의 심정은 이해하지만, 그가 추진하는 진보적 정책까지 비난해서는 안 된다는 것이다. 그리고 그 미움에 기자들의 진보적 신념이 잠식되어서는 안 된다는 일침을 가한다. 30년 동안 기자 생활을 했던 군사안보 전문가가 '합리'를 제일로 여기는 미국의 진보언론에게 마지막 고별사로 던진 충고였다. 미움의 감정이 얼마나 미묘하게 세상사의 문제를 좌지우지하는지를 드러내는 한 사례일 것이다.

멀리 외국의 사례까지 들 필요도 없다. 나는 개인적으로 문재인 정부가 많은 부분에서 잘못하고 있고 부족하다고 여기며 불만도 많다. 문재인 정부에 들어서까지도 구속영장을 받았으니 더욱 그렇다. '중요 국책사업에 대한 예비타당성 조사 면제'는 말이 안 되는 정책이어서 청와대 앞에 가서 철회를 요구하며 1인 시위도 했다. 하지만 북한 문제나 과거사 청산 등에 대해서는 나름대로 노력하고 있다고 여긴다. 그런데 진보 진영에 있는 상당수 이들은 문재인 정부에 대한 미움 때문에 남북관계의 노력마저 폄하하고 비난하며 보수당 편을 들어 '타도'의 기치를 높인다. 그 결과 그나마 정부의 반쪽짜리 개혁마저 발목 잡히는 형국이다.

어차피 문재인 정부는 힘없는 민중들이 원하는 것을 제대로 실현해 낼 여력이 없는 정부이다. 과거 정권에 비해 두 대 맞을 것 한 대 맞고, 두 번 끌려갈 것 한 번 끌려가면서 더 나은 세상을 만들기 위한 각자의 노력을 하면 된다. 못할 때에는 비판하고 잘하는 것 독려하며, 좀 더 나은 정권 창출을 위한 발판으로 문재인 정권을 이용하면 된다. 그런데 마냥 밉다고 문재인 정권 망하라고 굿을 하는 사람들이 있다. '진보'의 기치를 걸고 말이다. 한국인들의 유난스런 '지도자 추종 성향'이 이런 미움의 감정을 더 극단으로 치닫게 한다. 자기 대신 세상을 바꿔야 할 책임을 가진 지도자가 기대에 미치지 않는다고, 오직 그 지도자에게 미움을 쏟아내는 것으로 개인의 열정을 축낸다.

이러한 폐해는 그 정반대쪽 사람들에게도 보인다. 문재인 대통령을 지지한다면서, 무슨 종교 부흥회에서 교주 모시듯 하는 이들이 많다. 누군가 문재인 정부 정책에 조금이라도 문제를 제기하면 입에 게거품 물고 달려들어 초토화한다. 이들 역시 자기 삶의 책임과 권능을 문재인이라는 지도자에게 위임했기에 그 지도자가 비판받는 것을 견딜 수 없는 것이다. 그간 이명박, 박근혜 정부를 통해 겪은 억울함과 고통은 문재인만이 해결할 수 있다고 믿기에, 문재인 정부의 행보를 조금이라도 방해하는 이들에 대해서는 참을 수 없는 미움과 증오가 폭발하는 것이다. 이 때문에 민주-진보 진영 내에서 '문재인 극단적 지지자들'과 '극단적 반대자들'이 서로 무익한 난타전을 일삼고 있다. 그 패싸움에 온 열정을 쏟다 보니, 자기 투쟁을 할 시간이 없는 것이다. 잘못하는 것은 비판하고, 잘하면 칭찬해 주면서 문재인 정부가 더 나은 길로 가도록 이끌어야 하는 것이 시민의 책무이다. 하지만 진영 논리에 휩쓸려 잘못해도 칭찬하고, 잘해도 비난한다. 이러한 내부 분란 때문에 민주-진보 진영의 힘은 쇠락한다. 이러한 사회가 건강할 리 없다.

종적으로 보면 다른 듯하지만, 횡적으로 보면 이들은 한 뿌리에서 나온 줄기이다. 다른 듯하지만 놀랍도록 일치하는 특성을 지니고 있다. 서로를 먹이로 삼아 성장하고 있다. 증오가 그들을 성장케 하는 자양분이고 폐허는 그들이 꿈꾸는 이상향이다. 그 때문에 양극단이 만나 뒤엉키며 무서운 폭발력을 발휘한다. 상대를 공격하려고 '일베'가 만든 가짜뉴스까지 긁어와 퍼 나르고, 극우와 손잡고 공동전선을 형성하기까지 하는 이들도 있다. 증오와 원한은 끝 간 데 없이 커지고, "당신들을 지지하느니 자유당을 찍는다"는 얘기까지 공공연히 뱉는다. 그 진영 논리의 함정에서 벗어나는 길을 찾는 것은 보수정당과 싸우는 일보다 훨씬 어렵고 험하다. 그것은 자기 자신과의 싸움이기 때문이다.

이는 '문재인 극단적 지지자'와 '극단적 반대자'의 문제로 끝나지 않는다. 김대중, 노무현 등의 주요 정치인에 대한 찬반 양론은 물론 각종 사회적 약자와 소수자 운동을 비롯한 많은 사회운동 진영이 서로에 대한 참을 수 없는 미움 때문에 극단적으로 나뉘어 있다. 의식 수준, 관심 분야가 같은 사람들끼리 집단을 형성해 자기가 보고 싶고 믿고 싶은 것에만 맹목적으로 몰두한다. 집단에 충성도를 과시하기 위해 경쟁적으로 호들갑을 떨고 과잉 행동하며 적당한 먹잇감을 잡아다가 난도질한다.

본인들의 의도가 선에서 나왔다고 믿기 때문에 그러한 선의 실현을 위해 수단과 방법을 안 가려도 된다고 여긴다. 작은 트집을 잡아 비난하는 것은 양심에 찔리니 그 트집거리를 '절대악'과 연결시키고 자신들의 히스테리를 '대의'로 포장하는 교묘한 작업도 서슴지 않는다. 일단 이렇게 역사적 사명이 어깨 위에 견장처럼 올려진 이들은 애먼 일반 시민들도 개돼지 취급하기 일쑤이다. '정의구현'이라는 미명으로 포장된 그러한 행태 자체가 적폐인 줄 모르는 것이다. 그들은 본인의 이상이 실현되지 않거나 본인이 지지하는 정치인이 힘을 갖지 못해 세상이 이 모양 이 꼴이 되었다고 격분한다. 하여 자신들의 생각과 다른 사람들의 한심함을 토로하고, 적당한 타깃을 잡아 인격을 모독하고 짓밟고 우위에 서려 한다. 하지만 그들이 알아야 할 것이 있다. 세상이 이 모양 이 꼴이 된 것은 다른 사람들 때문이 아니다. 타인의 주체와 자율을 짓밟는 본인 자신과 같은 이들이 넘쳐나기 때문이다. 선과 정의가 상대적인 것을 모르고 그것을 남에게 강요하는 이들이 많기 때문에 빚어지는 일이다. 전근대적 발상인 '절대적 정의감'에 목매는 사람들이 이 사회에 차고 넘쳐나다 보니 그 썩은 지반에서 썩은 작물들이 자라는 것이다. 하지만 다양한 분야에 퍼져 있는 그 '적폐 파종꾼'들은 오늘도 열심히 씨뿌리기에 여념이 없다. 절대정의와 절대선의 깃발을 휘날리며 말이다.

이 썩은 땅을 갈아엎을 이들은 상황을 조율할 지혜와 정신의 균형이 있는 이들이다. 하지만 중용을 갖춘 이들은 점점 줄어들고 그나마 균형을 잡고 있던 이들은 극단적인 양편 중 한쪽으로 수렴하는 형세를 보인다. 대립과 분열은 심화된다.

돌아가는 상황을 잘 아는 극우들과 작전세력들은 끊임없이 이 양편에 침투해 교묘한 갈등을 부추기고 있다. 약한 고리를 흔들어대며 미움과 증오를 발화시킬 이야기를 퍼뜨린다. 그렇게 퍼뜨려지는 이야기는 사실인지 아닌지의 여부와 관계없이 삽시간에 퍼진다. 미움과 증오는 인간의 마음속에 있는 그 어떤 괴물보다 식욕이 왕성해서 눈앞에 보이는 것을 가리지 않고 다 소화하기 때문이다. 진보의 목소리는 분열하고 파편화한다. 분열된 진보만큼 극우의 먹잇감이 되기 좋은 것은 없다.

그렇게 분열하고 반목하는 정의·선의는 필연적으로 독단으로 수렴된다. 그 결과 집단적 증오에 압도되어 휩쓸리고 남들까지 휩쓸어 버린다. 스스로 제대로 서 있지 못하다 보니 남의 발목까지 잡고 넘어뜨리는 것이다. 개개의 주체를 인정하는 것이 진보성의 기본임을 모르는 '무늬만 진보'인 이들이 필연적으로 다다르는 나락이다. 고독을 찾아, 진아를 찾아 한 걸음을 떼지 못하고 집단성에 휘둘리고 자기애만 증폭한 이들의 종국이다. 거울 속에 비친 자신의 모습을 제대로 본 적이 있다면 겪지 않아도 될 일이다. 스스로가 빛나는 별인 것을 알면 이러한 추태는 벌어지지 않는다. 이 문제의 해법을 아는 고수 중 하나가 바로 축구선수 메시이다.

> 우리가 사람을 미워하는 경우, 그것은 단지 그의 모습을 빌려서 자신의 속에 있는 무엇인가를 미워하는 것이다. 자신의 속에 없는 것은 절대로 자기를 흥분시키지 않는다.
>
> — 헤르만 헤세 (1877~1962, 시인, 소설가, 화가)

공간을 만들어 내는 기술

축구는 양편 열한 명이 서로 상대 쪽의 골대에 골을 넣기 위해 공격과 수비를 조직력 있게 운영하는 스포츠이다. 그리고 공격수의 가장 중요한 능력은 '공간을 만들어 내는 기술'이다. 상대편 수비가 만들어 내는 그물 같은 수비망은 그냥 공을 몰고 간다고 뚫리는 것이 아니다. 공격수들은 상대편 인간 그물망에 인위적으로 공간을 만들어 내고 그 사이를 뚫고 들어가 슛을 날려야 득점할 수 있다. 이것을 못하는 이들은 아무리 덩치가 좋고, 힘이 세고, 달리기를 잘하더라도 축구를 못하는 사람이다. 발군의 기량을 가졌던 미식축구선수가 축구로 전향해 실패했던 수많은 사례가 이를 증명한다.

세계적인 축구선수 메시는 그라운드에 있는 스물한 명 선수들의 움직임을 직관적으로 조망한다고 한다. 단순히 서 있는 위치가 아니라, 선수들이 움직이는 궤적과 가속적 움직임까지 찰나적으로 계산한다. 이를 통해 상대 수비수들의 움직임을 읽고 미묘한 터치로 그 움직임을 끊거나 공간을 연다. 번개 칠 정도의 짧은 시간 동안에 전체의 흐름을 읽고 이 흐름을 뒤바꾼다. 난해한 수학문제를 순식간에 푸는 천재 수학자들과 같이 "어떻게 공간을 만들어 낼 것인가"에 대한 직관적 계산을 순간순간 머릿속에서 해낸다.

'인생 골'을 넣는 방법도 이와 비슷하지 않을까. 우리 대부분은 상황에 휩쓸리고, 집단의 압력에 눌리며, 사람들의 평판에 희비가 좌우되는 삶을 살아가고 있다. 일단 그렇게 주변의 압력에 수동적으로 휩쓸리기 시작하면 인생 게임은 실패하게 되어 있다. 타인이 만들어 내는 압박과 집단의 관성에 떠밀리는 삶에는 주체성과 능동성이 자랄 수 없기 때문이다. 안타깝게도 우리는 그러한 집단주의적이며 개성 고갈적인 사회의 공범이 되어 서로의 발목을 잡고 있다. '동네축구' 하는 아이들처럼 몰려다니며 독립적이고 창조적인 개인으로서 살아갈 가능성을 포기하는 것이다.

공을 가지고 한발도 나서지 못하고 상대 수비수들에게 휘둘리다가 빼앗기는 꼴이 되어서는 안 된다. 주변의 압력이 거세다고 기가 죽고 당황해서 허둥지둥하다가 그 자리에 주저앉아서는 안 된다. 분노에 절제력을 잃고, 공포와 증오에 빠져 자기 다리를 걸어서도 안 된다. 어떻게든 정신 차리고 그 사이의 틈을 열어 나만의 공간을 만들어 내야 한다.

그것은 인생을 제대로 살아 낼 수 있는 최소한의 준비이다. 공을 갖고 뛰고, 수비수와 맞닥뜨리고, 그 사이를 뚫고 들어가 골대 사이로 공을 차 넣어 자신이 원하는 바를 이루는 것은 두 번째 문제이다. 우선은 '나만의 경기를 주도하기 위해서' 삶에 공간을 만들어 내는 것이 첫째이다.

자신을 짓누르는 구속과 따가운 눈총과 강자의 폭압과 무자비한 억압으로부터 여유를 만드는 것은 생각보다 어려울 수도 있다. 불우했던 경험과 약자로서의 설움과 비참했던 삶이 만들어 낸 상처받은 영혼은 '최단 거리로 공을 잡고 달리라'며 조바심을 부추기기 때문이다. 그 결과 이를 막으려는 이들에 의해 다리 걸려 넘어지고 바닥을 뒹구는 일이 끊임없이 반복된다. 하지만 스스로를 끊임없이 되돌아보고, 내려놓고, 뒤로 물러나서 전체를 조망하려는 노력을 반복하다 보면, 어느 때 여유의 공간을 만들어 낼 실마리를 얻을 수 있다. 그 작은 공간 확보의 순간이 중요하다. 바로 그 순간이 인생의 주도권을 잡는 순간이기 때문이다.

인간은 사물에 의해서가 아니라 사물을 보는 견해에 의해 방해받는다. — 에픽테토스 (55~135년경, 고대 그리스 스토아학파의 대표적인 철학자)

완충의 미학

몽골을 통일시키고 세계에서 가장 넓은 제국을 세웠던 징키스칸은 싸움꾼 중의 싸움꾼이었다. 그는 약탈자의 이미지도 강하지만, 역사의 물줄기를 바꾼 대제국의 지배자로 군림할 수 있었던 것은 그의 탁월한 용병술 때문이다.

전쟁을 하지 않을 때는 사냥으로 병사들을 훈련시켰고, 사냥하지 않는 날은 전장터로 싸우러 가는 날이었다. 그는 쉴새없이 병사들을 조련했고 '전투에 태만한 병사와 사냥 중 짐승을 놓친 자는 태형이나 사형에 취한다'는 가혹한 율법까지 만들어 시행했다. 하지만 부하들은 불만 없이 복종했는데 권위적인 강압 때문이 아니었다. 그것은 코틸라(만장일치 회의 제도)를 통한 사려 깊은 합의의 결과였고 그 자신이 1년 365일을 야전 천막에서 병사들과 똑같이 먹고 자며 솔선한 신뢰의 결과였다.

징키스칸이 이렇게 전장에서 병사들과 살을 부비며 생활하다 보니 용병술에 대한 동물적 감각이 생겨났음은 두말할 나위 없었는데, 그가 남긴 격언 중에 이런 내용이 전해진다.

"예순베이는 참 훌륭한 용사다. 아무리 오래 싸워도 지치지 않고 피로한 줄 모른다. 그래서 그는 모든 병사들이 자기 같은 줄 알고 성을 낸다. 그런 사람은 지휘자가 될 수 없다. 군대를 통솔하려면 병사들과 똑같이 갈증을 느끼고, 똑같이 허기를 느끼며, 똑같이 피곤해야 한다." (징키스칸의 빌리크 17조)

전 세계를 무대로 전쟁을 치루는 대제국의 황제로서 무

텍대고 진격만 외쳤을 법하지만, 과도한 용맹이 군사들 전반에 미칠 부작용까지 미세하게 감지했던 것이다. 하여 군대가 최적의 역량을 발휘하기 위해 완충이 필요함을 지적해 후세들에게 격언으로 남겼던 것이다. '너무 용맹한 자는 지휘관으로 쓰지 말라'고 말이다.

이렇게 완충-완급조절의 전문가들은 역사상 곳곳에 이름을 남겼다. 로마의 실질적인 초대황제인 카이사르(시저)도 그런 인물이다. 카이사르는 그 특유의 추진력과 대담함으로 막대한 군권을 확보한 후, 이탈리아 경계인 눈 쌓인 알프스를 넘어 갈리아 땅(현재의 프랑스 지방)을 침략했다. 모든 침략자들이 그렇듯이 카이사르는 끔찍하고 비인간적 살육을 일삼았다. 하지만 그는 특별한 경우를 빼고는 전투에 이겨도 그곳을 약탈하거나 초토화 시키지 않았다. 적들이 사는 지역을 식민지화하지 않고 다만 속주화시켰을 뿐이다. 패전 배상금만 뜯어갔을 뿐, 농경, 교통, 상업이 촉진될 수 있도록 도왔고 세금도 면제해 줬다. 다만 전쟁터에 나갈 군사를 징발했을 따름이다. 하지만 그들을 전우로 대접해 전리품은 공평하게 나눴다. 수많은 부족의 특성을 세세히 살펴 그들 사이에 갈등이 없도록 조율하는 역할도 했다.

크고 작은 집단들이 서로 끊임없이 살육과 약탈을 일삼

는 시대였고 보면 이러한 카이사르의 배려(?)는 오히려 갈리아인의 민생을 향상시켰다는 평가도 있다. 질서와 안정을 가져다준 카이사르를 해방자로 여겨 자발적인 복종을 맹세하는 부족들이 늘어났다. 더군다나 카이사르는 로마 지배층의 반대에도 불구하고 자신이 점령한 민족들에게도 로마시민권을 주려고 힘을 썼고, 심지어는 몇몇에게는 원로원 자격까지 부여했다. 당시까지 '야만인'이라 불렀던 갈리아인을 로마 정치권력의 핵인 원로원으로까지 끌어들인 것은 이탈리아 반도에 묶여 있던 로마인의 편협한 정신을 세계로 뻗게 만든 계기가 되었다.

이렇게 피지배 이민족 국가 갈리아가 로마 국경의 수비군 역할을 하자 호전적인 게르만족의 침략을 막기가 용이해졌고, 제국은 견고해졌다. 완충의 정치공학이 만들어 낸 성과였다. 하지만 로마는 갈리아를 전쟁을 벌이기 위한 전진기지나 자원약탈을 위한 식민지로 소비하지는 않았다. 머지않아 이 피지배민족 갈리아 태생 로마황제가 등극했기 때문이다. 카이사르가 새로운 세계질서 체제를 창안한 천재라고 일컬어지는 것도 이 때문이다. 팍스로마나와 로마의 천년왕국은 이러한 카이사르의 완충의 미학 위에 설계되었다.

이렇게 역사에 이름 날린 호전적 침략자들뿐만 아니라, 예수, 석가, 공자가 설법한 사랑과 자비, 인의 힘 역시 그 근본은 완충의 능력이다. 전쟁이든 사상이든 철학이든, 무엇이라도 완충 없이 몰아붙이기만 했다면 그 시대에 발목 걸리고 주저앉아 우리에게 전해지지 않았을 것이다.

그런 의미에서 일상을 돌아볼 일이다. 나는 서스펜션(완충기)이 고장 나 덜컹거리는 자동차 같은 삶을 지금껏 살아온 것은 아닌지.

혐명함을 앞세워서 사람을 대하면 사람의 마음을 얻을 수 없으나, 현명하면서도 뒤로 물러서면 사람의 지지를 얻을 수 있다. — 열자 (중국 전국시대 사상가)

엄숙주의와 형식주의를 넘어

십 몇 년 전까지 나는 그야말로 '서스펜션(완충기)' 없는 활동을 해왔다. 외출할 때에는 항상 피켓을 손에 들고 다녔고, 바지에는 아예 정치인을 비판하는 문구를 새겨 입고 다녔다. 버스에 타서는 내릴 때까지 운전석 옆에서 피켓을 들고 서 있었다. 그 문구는 하나같이 강렬한 투쟁 문구였다. 당시 내가 만들었던 전단지에는 10포인트 작은 글씨가 앞뒷면 빼곡하게 들어 차 있었다. 지금 생각하면 누가 그런 것들에 관심을 가질까 하는 답답함이 밀려오지만, 당시에 나를 짓누르던 '사명감'은 오직 결연하고 엄숙하며 여유 없는 활동으로만 나를 몰아붙였다.

투철한 사명감에 잠식당한 결과는 그대로 드러났다. 사람들이 내 활동에 별 관심을 갖지 않는 것이었다. 지금 생각해 보면 "저 사람 이상한 사람이야" 하며 피했던 듯싶다. 내가 활동하는 목적 자체가 대중과 소통하고, 부조리를 알리고, 사람들의 힘을 끌어내기 위함인데, 내 외침이 사람들에게 전해지지 않는 활동을 골라서 했던 것이다. 그야말로 자기만족에 불과했던 활동이었다.

어느 때부터 내면의 불협화음이 느껴졌다. 뭔가 분명히 잘못된 것이다. 하여 이를 극복할 타개책이 필요했다. 이전의 치열함은 유지하되, 사람들이 관심을 갖는 그 어떤 각색, 양념이 필요했다. 그것은 마음의 여유를 갖고 현실을 풍자하는 역량을 기르는 것이었다. 이는 한편으로 엘리트 생산자의 입장에서 "내가 하는 얘기 들어!"가 아니라, 대중 소비자의 입장에서 "사람들이 무엇에 관심을 가질까?"를 탐구하는 활동이었다. 물건이 안 팔리는 것은 소비자 잘못이 아니라 생산자의 잘못이 아닌가.

스티브 잡스는 "당신은 시장에서 사람을 속일 수 없습니다. 제품이 그들 스스로를 대변하기 때문입니다"라는 말을 남겼다. 마찬가지로 대중들이 각종 사회 현안에 관심을 갖지 못하는 것은 그들이 무지몽매해서가 아니다. 여태껏 살아온 주변 환경의 영향에 잠식되었기 때문에 다른 문제를 볼 준비가 안 된 것이다. 그렇다면 먼저 문제를 보게 된 내가 그것을 전할 방법을 찾았어야 한다. 그 방법을 아직 못 찾았기에 대중들의 관심을 불러일으키지 못한 것이다.

고민의 결과, "무지한 대중을 계도해야 한다"는 식의 오만한 엘리트 생산자 입장에서 벗어날 수 있었다. 대신 "대중들이 어떻게 하면 관심을 갖게 할 수 있을까" 하는 관점에서 생각하게 되었다. 그리고 대중의 변화를 자극할 수 있는 조력자 역할을 어떻게 해야 할 것인지가 화두로 떠올랐다. 그 변화의 시발점은 무엇보다도 무겁게 짓눌린 나의 소명의식을 해방시키고 엄숙주의, 형식주의를 극복하는 것이었다. 쉽게 말해 고리타분한 방식으로 남에게 내 앎을 주입하려는 태도를 바꿨다는 것이다.

일단 이렇게 엄숙주의와 형식주의를 벗어나 소비자 중심의 유머 코드를 사용하자 전혀 뜻하지 않은 사건들이 일어났다. 가령 2014년 지방선거 몇 달 전에 재미로 포스터를 만들어 인터넷에 올린 적이 있다. "국민들을 위하지 않는 지방선거 후보들 목을 쳐 버리겠다"는 지방선거 패러디 포스터였다. 그런데 난데없이 이 내용이 포털 검색어 1위에 오르면서 언론에 회자되었고 사람들의 폭발적인 관심을 얻었다. 박근혜 정부는 물론이거니와 원전과 주요 국책 사업을 비판하는 내용까지 명시되어 있었는데, 전체 내용과 형식이 재밌다 보니 포털 메인에까지 올랐던 것이다. 이에 고무되어 나는 내용을 추가해 아예 전단지로 만들어 뿌렸다.

전단지를 뿌리고 난 후였다. 어느 상가 옷가게 주인 아주머니로부터 전화가 왔다. "이렇게 재미있는 전단지는 처음 봤다"고 깔깔거리며, 전단지를 좀 더 갖다 달라는 것이다. 십수년 전부터 지역에 새만금 사업과 핵폐기장 사업의 문제점을 알리기 위해서, 군산지역의 웬만한 도로 주변 상가는 두세 번씩 문 열고 들어가서 인사하고 전단지를 뿌려댔다. 하지만 그렇게 내 시간, 내 힘, 내 돈을 들여 하루 몇 시간 전단지를 뿌리고 다녀도 격려인사는커녕 면전에서 "지역발전을 저해하는 이런 놈들은 찢어 죽여야 혀" 하는 소리 듣기 일쑤였다. 그런데 약간의 발상 전환이 이렇게 전혀 생각하지 못한 폭발적 관심을 불러온 것이다.

왜 사람들이 이런 반응을 하는지 곰곰이 생각해 봤다. 그랬더니 참으로 '그럴 만했음'을 알게 되었다. 경제발전을 이룬 나라치고 대한민국 사회처럼 살기 빡빡한 사회가 없다. 아시아 중진국 중에서 가장 부패한 국가(홍콩 정치경제리스크 컨설턴시 조사)이고, 삶의 질이 전 세계 117위이며, 자살률이 가장 높은 나라이기도 하다. 문화적 다양성이 부족하고 획일화된 학벌주의와 황금만능주의가 횡행한다. 이 속에서 하나라도 더 갖고 높아지기 위해서 인생 '올인'하며 빚어 내는 조바심은 이루 말할 수 없다. 여기에 후진국에서나 일어날 만한 사건사고가 끊임없이 터진다. 다들 스트레스가 이만저만한 것이 아니다. 이런 대중의 귀에 대고 "여러분, 여기서 이럴 때가 아닙니다. 나서서 싸웁시다!" 하는 주장을 해봤자 대중들의 피로함만 더했던 것이다.

공과금 고지서에 한숨을 내쉬고, 밀린 할부금 돌려막기 할 걱정이 태산 같으며, 대학 등록금 낼 방법이 없어 전전긍긍하고 있는 이들에게 그런 얘기들이 귀에 들어올 리 없다. 지금 당장 쌀 팔 돈이 없어 굶주리는 이들에게 농민들의 쌀

값 인상 구호가 귀에 들어오겠는가. 취업도 못 해본 젊은 구직자들에게 해고자 복직의 절규가 들어오겠는가. 물건이 안 팔려 가게를 빼야 할지 고민하고 있는 이들에게 환경문제가 보이겠는가. 결연한 사명감과 절규만 가득한 전단지, 구호, 집회는 대중의 짓눌린 삶에 시름을 더하는 것에 불과하다.

반면 유머 코드가 있는 전단지는 그들의 짓눌린 삶에 여유를 주고, 스트레스 때문에 회피하던 사회문제에 관심을 갖게 하는 자극이 되었던 것이다. 받아서 한번 읽어 보고 싶은 전단지가 만들어진 것이다. 그 후로 계속 이 기법을 개선하고 발전시킬 수밖에 없었다. 사람들의 주의를 끌기 위해 '엄숙주의'와 '형식주의(획일주의)', '엘리트주의'를 걷어낸 활동방법론을 계속 고민하게 되었다.

물론 엄숙한 형식을 차려야 할 활동들이 있기는 하다. 그러한 활동이 필요한 현장에서 싸우는 분들에게 이 글은 참으로 큰 실례일 수 있음을 밝힌다. 하지만 전혀 그럴 필요가 없는데도 묵직한 사명감에 스스로 짓눌려, 고립된 섬을 자처하는 이들이 많다. 그 때문에 같은 이념과 소명을 공유하는 사람들끼리만 모이는 동아리 이상의 '확장성'을 갖지 못한다. 거창한 사명감과 이상의 가치 아래 끼리끼리 모여 아무런 울림도 없는 자기들만의 진중한 결의에 힘을 쏟는 것은 그야말로 열정 낭비, 식량 낭비이다. 엄숙주의, 형식주의, 엘리트주의의 굴레에서 벗어나야 한다.

이런 이들을 관찰해 보면 SNS에 결연한 주의 주장만 올리고 남들이 소소한 삶의 행복을 찬양하는 것에 시비 걸고 조롱한다. 페르소나와 그림자가 일치하지 못하고 자기안의 그림자를 타인에게 투사하는 분열된 자아를 가진 이들이다. 자기 자신을 속이는 사람들이다. 정신의 뿌리와 줄기 사이의 소통이 안 되는 이들이다. 진아를 체험해 보지 못한 이들이다. 중용이 없어 균형이 깨진 이들이다. 공포에, 증오에 잠식된 이들이다. 사이비의 맹신자들이다. 자신의 원죄를 모르는 이들이다. 여유 없는 맹렬한 정의감, 그것은 또 하나의 파시즘인 것을 모르는 이들이다.

대중운동의 성패는 사회문제에 무관심한 사람들을 설득하고 이해시키며 끌어들이려는 성실하고 사려 깊은 노력의 여부에서 갈린다. 그런 면에서 카멜레온처럼 환경에 맞게 끊임없이 변화·갱신하고, 대중 속에 파고들어 눈높이를 맞추며, 웃게 만들고, 감동을 심어주고, 눈물을 만들어 내야 한다. 집요하게 달라붙어 어쩔 수 없이 물건을 사게끔 만드는 보험설계사나 외판원처럼, 미묘하고도 집요한 기술이 필요하다. 대중의 욕구가 사회문제와 연결되는 지점을 포착해 그들 마음속에 '주체적 실천욕구'를 반짝거리게 할 수 있는 예민한 직관과 감수성을 길러야 한다.

하늘에 대고 구호만 외치고 '개 같은 세상'을 성토만 하면서 '내가 알고 있는 것을 모르는 저 한심한 대중'들에게 콧방귀를 뀌며 '절대 정의'와 '최고의 이상'을 부르짖는 것은 언뜻 보기에는 그럴싸하다. 하지만 여유와 공간 없는 활동은 앞서도 살폈듯이 이미 대중시민사회운동이 아닌 본질주의, 근본주의, 배타적 이상주의, 선민의식에 기반한 엘리트주의, 독단적 종교의 영역으로 치닫는 활동이다. 마음속에 작은 여유도 없이 주변에 자신의 거창한 이상을 강요하며, 쉴새없이 심판의 창날을 휘두르는 '여유 없는 정의'는 또 다른 폭력과 억압의 씨앗일 뿐이다. 자신의 내면과는 싸우지 않고 외부의 대상에만 손가락질을 하는 편향적 투쟁은 궁극적으로 파시즘으로 귀착한다.

세상의 변화를 위해 "고개를 숙이고 대중에게 파고드느냐", 아니면 "대중의 멱살을 잡아당기느냐" 하는 두 길 사이의 차이는 극단적이다. 전자는 실질적으로 사회를 변화시키는 가장 강력한 동력이고, 후자는 그나마 만들어져 있는 대중운동 기반까지 파괴하는 갈등과 분열의 뇌관이다. 이

갈림길에 엄숙주의와 형식주의가 있다.

마음이 얽매여 있는 한, 자유는 우리에게 찾아오지 않는다.

— 타고르 (1861~1941, 인도의 시인, 철학자)

열정보다 냉정

우리는 '노동착취'라는 소리를 들으면 격분한다. 하여 그 분노는 '노동해방'이라는 거대한 이상에 맞물리고, 주체할 수 없는 열정은 '윤리적 소비'와 '공장 폐쇄'라는 조치로 응수하게끔 우리를 이끈다. 하지만 옥스퍼드 대학의 철학교수이자 지금껏 5억 달러 이상의 모금을 이끌어 낸 단체 '기빙왓위캔'의 설립자 윌리엄 맥어스킬은 그러한 열정이 때론 해악을 가져올 수 있음을 지적한다. 그의 책 『냉정한 이타주의』를 요약 재구성해 보자면 다음과 같다.

"아시아와 남아메리카 등지에는 선진국 소비자를 위한 제품을 생산하는 대기업의 저임금 노동착취 공장이 즐비하다. 열악한 작업장은 물론이거니와 하루 열여섯 시간씩 일하는 곳도 있다. 안전보건 수칙은 무시되고 에어컨도 가동되지 않는 찜통에서 일을 해야 하는 경우가 부지기수이다. 한 달 내내 일해도 월급이 20만 원을 넘지 않는다. 이 열악한 노동환경에 분노한 세계의 양심 있는 단체들이 제품의 불매운동을 전개했고, 나이키, 애플, 디즈니 등의 대기업에 대한 반감도 덩달아 고조되었다. 진보적 이상을 가진 이들은 이러한 불매운동과 노동착취 공장 폐쇄 운동에 동참하는 것을 당연히 여겼다. 하지만 이렇게 선을 추구하고 악을 박멸하고자 저임금 노동착취 공장이 문을 닫게 해서 어떻게 되었을까? 오히려 노동자들은 훨씬 처참한 고통 상황에 놓이게 되었다."

불과 십여 년 전 라오스, 캄보디아에서 수백만 명이 '노동착취 일자리'를 얻기 위해 태국으로 이주했다. 재활용 플라스틱을 줍기 위해 하루 종일 쓰레기 더미를 뒤지던 캄보디아의 한 여인은 모 언론과의 인터뷰에서 그런 공장에서라도 일하는 것이 꿈이라고 말했다. '노동착취 일자리'가 그 나라들에서는 '선호도가 높은' 직장이라는 것이다. 한 달 내내 땡볕 아래서 쓰레기장을 뒤져도 '노동착취 공장' 일자리의 5분의 1도 벌지 못해 가족들이 굶어 죽어가는 것을 지켜봐야 하는 것이 현실이기 때문이다. 전 세계인 가운데 10억 명의 인구가 한 달 5만 원 벌이도 못 하고 사는 현실이니, 경제학자들은 대기업의 노동착취 고용이 '필요악'이라 여긴다.

1990년대 방글라데시, 수많은 아동들이 미국 사업가들이 세운 공장에 고용되어 낮은 임금을 받고 노동착취를 당하고 있었다. 이에 격분한 아이오와 주 원톰 하킨은 아동노동착취 제품의 수입을 금지하는 내용의 '아동노동억제법'을 발의했다. 사업자들은 이 법으로 인한 피해를 우려해 즉시 공장을 폐쇄하고 5만 명에 달하는 아동을 해고했다. 여기까지만 보면 숭고한 아동 권리의 승리인 듯하다. 그런데 그 아이들은 가정과 학교로 돌아가 편안한 삶을 누린 것이 아니라, 훨씬 더 열악한 하청공장으로 직행해야 했다. 개중 일부는 사기단과 성매매 등으로 내몰리기까지 했다고 한다.

선의를 위한 행동을 실행할 때 '열정보다는 냉정'이 필요하고, 조바심보다는 여유롭게 현실을 살펴야 한다며, 윌리엄 맥어스킬이 자신의 책에 정리한 사례들이다. 의도가 선하다고 과정과 결과까지 자연스레 선이 따르는 것이 아니고, 그 선의가 오히려 해악을 가져올 수 있기 때문이다.

다국적기업의 '노동착취' 문제는 한국인들의 피부에 와 닿지 않을 수 있지만, 우리 현실에도 비슷한 문제는 허다하다. 열정에 휩쓸려 거창하고 선량하며 정의로운 이상만을 늘어놓고, 말잔치 하는 것으로 허송세월하고, 주변에 자신의 믿음을 강요하며 해악을 끼치는 사례는 이미 앞에서 여러 차례 지적했다.

그렇더라도 흥이 많고 정이 많은 한국인들에게 무조건 냉정해지라고 요구하는 것은 무리일 것이다. 요는 어떻게 이 열정을 제대로 열매 맺게 하냐는 것이다.

중요한 일을 착수할 때에는

이성적이고 냉정함을 잃지 않는 사람과 손을 잡아라.

— 발타사르 그라시안 (1601~1658, 스페인의 작가)

열정의 열매

내 이십대 시절 가장 큰 고민거리는 어떻게 하면 열정을 열매 맺게 할 수 있을까 하는 것이었다. 수많은 발상과 아이디어, 열의가 시간이 지나면서 흐지부지 증발되는 일이 끊임없이 반복되었기 때문이다.

사회 부조리와 그로 인해 고통 받는 사람들 이야기가 언론에 보도될 때마다 이가 바득바득 갈렸다. "도저히 이래서는 안 된다. 세상이 바뀌어야 한다. 뭔가 해야 한다"는 열정이 활화산처럼 폭발하곤 했다. 그럴 때면 머릿속에는 문제해결을 위한 다양한 청사진이 마치 '신 내림' 받듯 쏟아졌고, 나는 어느새 불의를 응징하고 정의를 수호하는 기사가 되어 검을 뽑아 들기 직전의 상황으로 치달았다. 하룻밤 자고 날이 밝으면 세상에 나아가 그 정의를 실현할 터였다.

그런데 다음날 아침 눈을 떠 보면 그 자리에는 언제나 패잔병이 누워 있었다. 전날 저녁 잠들기 전까지 정의 수호 결의를 다지던 '지구용사'는 자취 없이 사라지고 없었다. 김빠진 몸으로 눈을 껌뻑이며 천장을 보고 있을라치면, 전날 했던 결의를 실행하기 위해 들여야 하는 노고와 쪽팔림이 파도로 밀려와 내 몸을 내리눌렀다. 그렇게 뭉그적거리다 보면 하루가 갔다.

비루한 삶이 계속 이어졌다. 일상에 안주해 껍질을 깨지 못하고 새로운 세상을 향한 도약을 보류하는 보잘것없는 패잔병의 몸부림은 끝도 없이 이어졌고 그 삶에 차츰 적응되었다. 어느새 TV 보고 손가락질만 해대는 삶이 내 것으로 다가왔다.

그러던 어느 날 "이렇게 살아서는 안 된다"는 외침이 머리를 울렸다. 그래서 치열하게 고민했다. 왜 나의 활화산 같은 열정은 하룻밤 자고 나면 다 사그라드는지 말이다. 어떻게 하면 매일 아침 눈을 뜨고 일어날 때에도 그 열정을 간직할 수 있는지를 말이다. 오랜 고뇌 끝에 나름의 해답을 얻었다. 그것은 인간의 열정을 실천으로 옮기는 기술에 대한 것이었다.

과거에는 그러한 열정이 솟구쳤을 때, 거창한 담론과 해법을 늘어놓는 데에 힘을 다 쏟았다. 샘솟는 열정은 나의 상상력을 자극해 내가 추구해야 할 이상향에 대한 청사진을 머릿속 가득 만들어 냈다. 그럴 때에는 감상적인 희망으로 벅찼다. 이 때문에 내 주변에서 나름의 역할을 찾아 그것을 실천하고 있는 사람들을 등한시했다. 그들은 내가 꿈꾸는 이상에 비해 하찮은 일을 하고 있었기 때문이다. 내 생각대로 움직이지 않는 것에 대해 지적하고 '평론'하며 시간을 보냈다. 그렇게 막연한 희망을 남발하는 데에 열정을 쏟다 보니, 다음날 아침 뜬구름이 걷히면 맥이 다 빠질 수밖에 없었다.

하지만 내가 새롭게 찾아 낸 '열정'을 '실천'으로 만드는 방법은 그와 다르게 나를 이끌었다. 어떤 사회적 사건에 대해 분노하고 문제의식을 갖게 되면 감정이 밀려오고 열정이 솟구치는데, 그 열정을 '논리적 회로'로 만들어 내는 데 심혈을 기울였다. "왜 이것이 문제가 되며, 왜 이런 일이 발생해서는 안 되고, 어떻게 그 문제의식을 실천으로 연결시킬 수 있는지" 아주 자잘하고 구체적인 고민을 하기 시작했다. 감상적 희망과 뜬구름 잡는 상상이 아니라, "내일은 전단지 오백 장 뿌려야지" 하는 실질적 계획과 다짐으로 내 열정을 연결시켰다. 열정이 올라오지 않을 때에는 아무리 그런 문제에 대해 고민을 하려 해도 의욕이 솟지 않는다. 열정이 솟구칠 때에는 그러한 문제에 대한 아주 잡다하고 세밀한 고민이 가능하다. 하여 밤 늦게까지 구체적 실천력을 확보할 수 있는 '논리의 회로'를 만들어 내는 데에 힘을 썼다.

물론 다음날 아침에 일어났을 때, 그 자리에 패잔병이 누워 있는 것은 전과 다를 바 없다. 하지만 전날 만들어 놨던 그 논리 회로(타당하고 구체적인 활동에 대한 이유)를 되짚어 가다 보면 서서히 전날의 열정이 채워지고, 패잔병은 자리에서 일어나 검을 뽑아 들고 출정 준비를 하게 된다. 열정이 감상적 상념으로 대기에 휘발되지 않고, 실천의 열매로 수확되는 과정이다. 나의 잡다한 활동은 이러한 과정을 통해 이뤄졌다.

하지만 나는 철저한 '노력파'이며, 이 방면의 '하수'에 불과하다. 열정을 논리적 회로로 전환시키고 이상에 맞물리게 하며 실천으로 이끌어 내는 고수들은 따로 있다. 특히 이 방면 천재들은 단순히 긍정적 열정만을 능동적 실천력으로 전환시키는 것이 아니다. 자신의 분노와 증오, 혐오, 비참하고 어두운 기억까지를 자신의 생을 개척하는 실천의 에너지로 전환시키는 능력을 갖고 있다.

1954년, 미국의 찢어지게 가난한 흑인 가정에서 여자아이가 태어났다. 그녀는 끼니도 제대로 때울 수 없었고 교육 기회도 얻지 못했다. 아홉 살 때부터 사촌들에게 성폭행을 당했고, 열네 살에 미혼모가 되었으며 자식의 죽음도 지켜봐야 했다. 그녀는 끔찍한 경험에 자포자기하며 절망과 증오의 길을 갈 수 있었다. 하지만 그녀는 자신의 열정을 다루는 법을 알았다. '인간은 환경을 탓하면 패배자가 되고 그것을 이용하면 승리자가 된다'고 되새겼다. 그녀는 바로 미국의 가장 유명한 토크쇼 진행자이자 『타임』지가 '세계에서 가장 영향력 있는 여성'으로 선정한 오프라 윈프리이다. 그녀의 존재 자체가 남성들의 폭력에 대한 통쾌한 복수라 할 수 있다.

많은 사람들이 자신의 능동적 열정마저 분노와 증오로 허비하는 것과 달리, 이런 고수들은 자신에게 내려진 삶의 저주마저 자신을 빛내는 힘으로 변용하는 것이다. 우리가 책과 언론을 통해 종종 접하는 '난관을 극복한 위인'들은 바로 그 비기(祕技)를 실행한 이들이다.

이 간단한 원리를 몰라 그럴싸한 말잔치와 대책 없는 분노로 열정을 축내는 이들을 주변에서 흔히 보게 된다. 그 대표적인 이들이 '가슴에 훈장을 달고 있는 이들'이다.

꿈 너머의 저편에 있는 꿈을 볼 수 있는 사람은

현명한 이상주의자다.

— 도스토예프스키 (1821~1881, 러시아의 소설가)

훈장 내던지기

'고수'가 되기 위해 해야 할 일 중 하나는 자기 가슴에 달고 있는 훈장을 떼어 내던지는 것이다. '사회적 약자' 혹은

'사회적 약자를 대변하는 자'라는 훈장 말이다. 그걸 달고 있으면 자신이 하는 모든 행동이 면죄되는 줄 아는 그 훈장 말이다.

일부 '진보'를 자칭하는 이들의 가장 큰 맹점 가운데 하나는, 이 훈장을 자랑스럽게 가슴에 달고 그것을 방패막이 삼아 자신의 모든 주장을 정당화한다는 것이다. 자성 없는 투철한 이상, '무데뽀' 사명감, 자기만의 정의감 역시 그 훈장을 가슴에 달고 있기 때문에 빚어진다. 문제는 그 훈장이 자학의 성과라는 것이다.

앞서 '감성의 저편'에서 다뤘듯 감각과 감성에 휘둘리는 심리적 특성은 사회적 약자에게 열등과 비참의 굴레를 씌워 '불쌍한 사람'으로 규정한다. 그리고 '불쌍한 사람', '힘없는 사람', '사회적 약자'라는 규정은 이내 무기로 변한다. 자신들은 그렇게 힘없는 소수자이고 사회의 희생자이기에 강자들에 맞서서 "어떤 과격하고 일방적인 주장이라도 할 수 있다"는 궤변이 따른다. 힘없고 짓눌린 존재이니까 도덕성이나 책임감 같은 것 없이 하고 싶은 주장 마음껏 해도 된다는 합리화가 따른다. 스스로를 금치산자 수준으로 규정해 버리는 것이다. 자기 건사할 능력도 없는 무능력자 말이다.

때로는 힘없고 약하다는 이유만으로 선하고 고결하다고 포장되기도 한다. 반대급부로 강한 사람은 무조건 경멸을 받아야 하고, 자신들에게 동조하지 않는 사람들은 폄하·비하하고 증오해도 된다고까지 여긴다. 어려운 표현으로 '언더도그마의 논리'라고 한다. 한국인의 감상적 성향 때문에 한국 사회는 언더도그마의 논리가 잘 통하는 사회에 속한다고 한다. 선거 때마다 정책이 아닌 '도와주세요' 하는 피켓 들고 나서는 것이 득표에 더 큰 도움이 되는 것도 그 때문이다. 이 때문에 가진 자들을 대변하는 보수정당마저 힘없고 약한 척하며 길바닥에 거적 깔고 큰절 하는 수법을 들고 나온다. 약자들을 대변한답시고 물불 안 가리고 주변을 들쑤셔대는 진보적 이상주의자들도 겉으로 보기에는 전혀 다른 듯하지만 실은 그러한 이해에 편승해 있는 이들이다. 이 역시 극단적 보수와 극단적 진보가 만나는 지점이다.

그 모습은 마치 한국전쟁이 끝난 직후 일부 상이군인들의 행패를 보는 듯하다. 국가를 위해 싸우다 장애를 얻었는데도 주변 사람들에게 천대 받는 현실에 분노해 시장판 돌아다니며 갈취하고 행패를 부리던 이들 말이다. 상이군인은 그래도 본인들이 직접 현실에 맞부딪히는 장렬함이라도 있었다. 하지만 최근 이런 부류의 활동을 보면 인터넷의 익명성, 사회적 약자의 집단정서 뒤에 숨어 담 너머로 돌만 집어던진다. 더군다나 진보 진영에는 사회적 약자들이 내는 목소리는 무조건 받아들이고 동조해야 한다는 대책 없는 온정주의가 퍼져 있다. 그러한 맹목적인 선의가 궁극적으로 인간 상호간의 관계의 그물을 찢고 크나큰 해악을 가져올 씨앗이 되는 것임을 모르는 이들이 많다. 설령 그 문제를 알더라도 지적했다가는 야유와 수치가 안겨지는 것이 두려워 침묵한다.

물론 가슴에 훈장을 단 이들은 이러한 문제 제기에 반발한다. "힘없는 약자에게 도덕성과 책임감까지 갖추라는 것은 횡포"라고 말이다. 하지만 거듭 얘기하건대 "힘없는 약자는 도덕성과 책임감이 없어도 된다"는 말은 스스로를 금치산자로 규정하는 것이다. 그것은 주체와 자율을 부정하는 타율의 문법이다. 앞서 논했던 '흑인 극단주의자'들의 사례를 떠올려 보라. 자존을 무너뜨리고 열등과 자학, 피해의식의 수렁으로 스스로를 빠뜨리고 공동체를 파괴하는 '자기실현적 예언'의 저주 말이다.

하지만 그러한 과정을 통해 만들어진 훈장에 신성불가침의 절대성이 부여되다 보니 극단성이 동반된다. 자신들만이 세상의 구원자가 될 수 있다는 선민사상은 앞뒤 가리지 않는 저돌성과 패악, 진보 내의 끊임없는 분열과 혼란을 빚어낸다. 종종 그 훈장을 달고 나서는 이들이 행하는 일이 공안탄압과 보수단체들의 폭력보다 더 가공할 모습으로 다가올 때도 있다. 그 결과 그들이 앞으로 나서는 만큼 오히려 시대가 뒷걸음치는 결과가 빚어진다.

그 부조리의 정점은 훈장 단 이들끼리 맞붙었을 경우에 나타난다. 서로 자기들이 더 고통 받고 있다면서 극단의 패갈림과 난타전이 빚어진다. 극우와의 경계가 흐릿해지는 지점이다.

자신들의 극단성은 전혀 인지하지 못하고 상대방의 그것에만 예민하게 반응한다. 자기 내면에 어두운 그림자가 있기에 남의 그것에 과민하게 반응하는 것이다. 스스로 고립을 자처한 그 황망한 상황에 시대 수준을 탓하고 세상을 향한 증오를 쏟아내며 자위한다. 열정을 제대로 통제하지 못하니 빚어지는 부조리의 악순환이다. 문제가 이렇게 심각한데도 진보 일각에서는 가슴에 단 훈장에 종교적 계시 수준의 불문율을 강요하다시피 한다. 진보 진영 내의 극단성을 띤 운동은 예외 없이 궤를 같이 하고 있다.

누차 거론했던 바대로 이는 이분법적 발상의 폐해이다.

그 중간에 다양한 길이 있는데, 오직 양극단의 두 갈래 길밖에 보지 못하다 보니 빚어 내는 갈등과 분열의 도가니이다. 균형과 중용의 필요성이 거듭 요구되는 이유이다.

물론 사회적 약자로서 자기 목소리도 내야 하고, 격렬한 싸움도 해야 한다. 다만 절대주의, 본질주의, 편협한 이상주의와 일방주의의 극단성에 치우쳐 분노와 증오를 퍼뜨리는 데에 힘을 허비하지 말라는 얘기이다. 피 튀기는 주먹다짐을 하고도 친구가 되는가 하면, 별것 없는 미묘한 감정 대립 이후에 철천지원수가 되는 경우가 있는데, 후자의 길을 가서는 안 된다는 얘기이다. 조금만 비위가 상하면 마구 휘갈겨대다 보니 잠재적 아군이 적군으로 돌아서고 정작 적군이 나타났을 때 발사할 총알이 없는 일까지 발생하며 자신들의 입지가 계속 좁아지는 것이다.

특히 사회적 약자를 대변한답시고 담 너머로 돌만 던지고 자기 책임을 회피하는 식의 활동, 그것을 권장·묵인하는 행태는 바뀌어야 한다. '마주하고 직면해야 할 불안'을 회피하고 담 너머로 돌을 던져댄 결과는 고스란히 자기 실존으로 돌아온다. 지고지순한 이상만 떠벌리고 주먹질만 하면 '진보'라고 착각하는 편협함으로는 더 이상 안 된다. 진보는 거저 받아먹는 빵 같은 것이 아니다. 진보는 냉철한 자기 성찰이 필요한 처절한 성장의 과정이다.

사회적 약자는 열등하고 비참한 동정의 대상이 아님을 머리에 새기자. 더 나은 상태를 위해 당당하고 가열차게 싸워야 할 투쟁의 주체들일 따름이다. '사회적 약자'라는 이름의 훈장을 가슴에서 떼어내야 한다. 갑각류의 허물처럼 그 훈장은 우리의 성장을 방해하기 때문이다. 이를 위해 '사회적 약자로서 불의에 맞서 당당히 싸우는 것'과 '사회적 약자라는 훈장을 방패막이로 이용해 행패부리는 것'에 대한 구분부터 명확히 해야 한다. 양자의 명확한 경계를 희석하는 집단정서와 감성적 판단, 내적 결핍, 피해의식, 자성 없는 정의감을 극복해야 할 이유를 앞에서 누차 다룬 것도 그 때문이다. 이러한 위태로운 줄타기에서 어느 쪽으로 자리할 것인지를 결정하는 가장 단순하면서도 중요한 요소는 '여유'이다.

자존이야말로 모든 미덕의 초석이다.

— 존 허셜 (1792~1871, 영국의 천문학자이자 수학자)

여유 만들기

빅터 프랭클 박사(1905~1997)는 아내와 부모, 형제와 함께 나치의 유대인 수용소로 끌려갔다. 얼마 지나지 않아 가족들은 다 몰살당하고, 자신도 인간의 한계를 넘어서는 강제노동과 불결한 환경, 끝없이 이어지는 짐승 같은 대우와 가혹한 폭력을 당하며 죽을 고비를 여러 번 넘겼다. 하지만 그는 그 시련을 자신이 발명한 '로고테라피'(의미 치료)를 통해 극복해 냈는데, 그 가혹한 환경에서도 삶을 포기하지 않고 생존해 남을 수 있었던 방법론을 다음과 같은 간결한 말로 표현하고 있다.

"자극과 반응 사이에는 공간이 있다. 그 공간에는 반응을 선택할 수 있는 자유와 힘이 있다. 그 공간에 우리의 성장과 행복이 달려 있다."

이 말은 내 인생을 비참하게 만들 만한 어떤 '자극' 상황이 발생했다고 해서 내가 그에 대해 굳이 비참하게 '반응'할 필요는 없다는 것이다. 내가 살던 집에 불이 났다고 하더라도 나는 그 앞에서 기념사진을 촬영하며 환히 웃을 수 있고, 차가 갓길에 전복했다고 하더라도 그 옆에서 기타를 치며 유흥을 즐길 수 있는 것이다. 어떤 자극에 대한 반응은 내가 그 사이에 여유를 얼마나 불어넣는가에 따라 결정된다.

노자는 어떤 사물과 현상에 이름을 붙이는 순간 작은 사이즈의 가죽옷을 입은 사람처럼 숨통이 조이고 실체가 왜곡된다고 했다. 석가는 모든 것이 고정되어 있지 않고 끊임없이 변한다며 이를 '무상'으로 표현했다. 데리다와 미셸 푸코 등이 주창한 서양의 해체주의 역시 기존의 규정된 개념과 인식의 구조에 대한 반발이었다. 이는 사물과 현상에 대한 언어화(이름 붙이기), 구조화(논리적으로 구성하기)는 일상의 삶이 가능하도록 편리를 제공하기는 하지만, 특정 사물과 현상에 대한 필요 이상의 논리적·감각적 집중을 만들어 내고 이때부터 현실이 왜곡된다는 것을 지적하는 것이다.

가령 이 시대 우리는 수많은 부도덕과 몰상식을 접하게 된다. 이런 때에 우리는 으레 감정적으로 격앙되고, 인지적 부조리에 시달리며, 의지적으로 분노를 표한다. 하지만 우리네 현실을 '암울함', '고통', '절망'으로 규정하고 이를 장식품처럼 가슴에 달고 다니는 습성은 바람직하지 않다. 자신도 모르게 엄습한 패배와 좌절의 분위기에 휩쓸려서도 안 된다. 자기 삶을 규정할 수 있는 인간의 능력은, 그렇게 민는 대로 자신의 삶을 지옥으로 만들기 때문이다.

실존의 비루함이 만들어 내는 미묘한 우울의 함정부터 폭압적 권력이 만들어 내는 압박 상황에 이르기까지, 우리 삶을 부정적으로 규정하려는 내적·외적 동인은 넘쳐난다. 그에 맞서 싸우더라도, 거기에 휘둘리거나 여유를 잃으면 안 된다. 고통스러운 자극을 완화시키지 못하고 내부에서 증폭시키는 그때가 바로 절망의 길로 들어서는 순간이기 때문이다.

사회 현안에 나서서 열심히 싸우는 것만큼, 치열하게 자기를 돌아보며 내면의 여유를 만들어 내려는 노력이 필요한 것은 그 때문이다. 최선을 다해 움직이되, 결과에 집착하거나 원하는 바를 못 얻고 절망하여 주변 사람들에게 화를 떠넘겨서는 안 된다. 이 가녀린 존재의 비루함과 흉악한 세상의 어둡고 무거운 틈을 비집고 어떻게든 그 속에 여유를 확보해야 한다. 그러지 않으면 쉴 새 없이 이어지는 긴장과 스트레스, 분노와 증오, 공포에 짓눌려 자기를 잃고 말 것이기 때문이다.

마음에 여유 공간이 확보되면, 현실을 부정하지 않고 수용할 수 있다. 이 말은 현실의 부조리와 불의에 타협하라는 것이 아니다. 눈앞의 현실이 지금까지의 인과관계, 역사의 흐름, 연기(緣起)의 결과로 이 자리에서 드러날 수 있는 단 하나의 모습임을 냉정히 인정해야 한다는 말이다. 말기 암 선고를 받은 현실을 부정하는 데 백 날 천 날을 보내봤자 아무 소용없다. 그 사실을 냉정하게 인정하고 치료를 위해 할 수 있는 작은 일부터 찾아 실천하는 것이 스스로에게 훨씬 이롭다. 마찬가지다. 그렇게 '현실을 수용하는 능력'을 갖추면 자기가 원했던 이상적인 세상과 현재 펼쳐진 실제 세상을 분간하게 된다. 그 분별력을 갖추면 "왜 ㅆㅂ 내가 원하는 이상적 세상은 도래하지 않는 거야", "너 때문에 세상이 이렇게 되었어" 같은 끝없는 자학과 원망의 저주에 빠지지 않아도 된다. 조바심에 떠밀리고 감정에 동요되며 주변에 휩쓸리지 않아도 된다. 사회 평론, 정의 논쟁, 이념 싸움에만 몰입하고 남 탓만 하며 주변을 갈등과 분열로 몰아넣지 않아도 된다. 대신 "이 현실에서 나는 무엇을 해야 할 것인가"에 대한 실질적이고 능동적인 고민이 시작된다. 그 고민으로부터 구체적 실천이 이어지고 변화의 가능성이 움튼다. 모든 종교와 철학의 가장 핵심, 알짜배기가 바로 그것이다. 지금 여기서 빚어진 현실을 덤덤히 받아들이되, 결코 그 현실에 안주하지 않고 변화 가능한 가장 작은 일부터 주체적으로 바꿔 나가는 힘의 실현 말이다.

이처럼 세상을 여유롭게 덤덤히 받아들이고 해석하는 발상 그 자체가 인생 성패의 원인이고 과정이고 결과라고 말할 수 있다. 이렇다 보니 묵자는 “편안한 집이 없어서 편치 않은 게 아니라, 내가 편안한 마음이 없기 때문이며, 충분한 재물이 없어서 만족치 못하는 게 아니라, 내가 만족하는 마음이 없기 때문”이라 했다. 마음의 여유가 현실을 구성해 내는, 인간 인식의 능동적 특징을 표현한 말이다.

2004년 노벨상을 받은 최초의 흑인 여성이자, 인권운동가, 여성운동가, 환경운동가인 왕가리 무타 마타이도 “우리 중 누구도 우리가 처한 상황 전부를 마음대로 조종할 수는 없다. 우리가 마음대로 할 수 있는 것이라곤 상황이 내게 불리하게 돌아갈 때 그것에 대응하는 방식을 선택하는 것뿐”이라고 말했다. 이 역시, 힘도 없는 주제에 혼자 세상 다 구한다며 소란만 일으키지 말고 빚어진 현실을 여유롭게 수용하고 할 수 있는 일을 하나씩 능동적으로 찾아 실천하는 역량의 중요성을 강조한 것이다.

이렇게 ‘여유’를 만들어 내는 노력은 공동체를 위해서도 필요하다. 마음에 여유와 공간이 있는 사람은 다른 사람의 여유와 공간을 인정할 줄 안다. 자기 내면에 공간이 없으니 남의 공간을 침범하는 것이고, 숨 쉴 틈 없이 자기의 열정과 신념, 이상에 짓눌려 있다 보니 타인에게 그것을 강요하며 타인의 숨통을 막는 것이다.

우리에게 지금 필요한 것은 이상이 아니라 여유이고, 높이는 목소리가 아니라 낮추는 침묵이며, 나아가려는 추진력이 아니라 한 발짝 뒤로 물러날 줄 아는 겸허이다. 이것을 모르기에 정작 나서야 할 때에는 나서지 않고 있다가 뒤로 물러나야 할 때 나서고, 목소리를 내야 할 때에는 조용히 있다가 침묵해야 할 때 큰소리를 내며, 비워야 할 잔에 욕심을 가득 채우고 자기애의 어두운 늪으로 가라앉는 것이다.

무엇인가가 이롭게 되는 것은 그것이 텅 비어 있을 때다.

— 노자(老子)

유머의 저력

마음의 여유를 만드는 가장 좋은 방법이 유머임은 말할 나위 없다. 어떤 일을 할 때, 마음의 즐거움의 여부는 그 결과를 천지 차이로 만든다. 유머는 단순히 상황을 유쾌하게 만드는 데 그치는 것이 아니다. "유머는 아무리 외부 상황이 혼란스러워도 내적인 정신력을 유지할 수 있는 소중한 도구다"는 말이 있을 정도로 유머는 단순히 재미의 차원이 아닌, 상황을 주도할 수 있는 힘, 삶의 질을 결정하는 중대한 요소이다.

유머로 개방된 정신은 새로운 정보와 새로운 접근을 허용하고 무의식을 해방해 창조적 발상을 가능하게 한다. 더군다나 그러한 개방적이고 형식에 얽매이지 않는 유쾌함은 주변 사람들과의 소통을 원활하게 함으로써 조직 운영에서도 탁월한 역량이 발휘될 수 있다.

투쟁 현장에서 유머는 그 자체가 바람직한 투쟁의 과정이자 결과이기도 하다. 힘 있는 자들은 그 막강한 권력과 금력을 이용해서 우리를 겁주고 짓밟으며, 우리의 희망을 뺏고, 이간질하며 좌절시켜 쓰러뜨리려 한다. 절망을 안기려는 것이 저들의 목적이다. 절망하는 순간 저들은 우리를 비로소 조종할 수 있기 때문이다. 그 순간 우리는 뒷걸음질치고, 무기력에 휩싸이며, 갈등·분열하고, 자학하며 포기한다. 그 압력을 이기지 못하고 조바심과 분노, 공포, 증오에 휘둘리면서 남 탓하고 동료들에게 큰소리를 지르는 것은 절망을 주입받은 이들의 특징이다. 바로 그 순간 조직은 깨지기 시작하고, 저들이 원하는 방식대로 판이 굴러간다.

하지만 저들이 안겨 주는 절망을 받지 않고, 그걸 바닥에 내팽개친 후 짓밟고 깔깔거리며 콧방귀를 뀔 때, 즉 유머와 여유로 저들이 강요하는 가치를 전복하고 헤게모니를 뒤틀어 버릴 때, 우리는 저들이 만들어 낸 세상의 약자가 아닌, 우리 자신이 창조한 세계의 조물주로 태어난다. 따라서 이 황량하고 각박하며 야만적인 현실에 치이지 않고 여유를 만들어 내며 그 속에 유머를 불어넣어야 하는 것은 시대를 극복하려는 자들의 '의무'가 되어야 한다.

직면한 현실을 비틀어 보기 위해 노력해야 한다. 직접 겪은 비참한 상황을 '자뻑 개그화'하면 상황은 대체로 호전된다. 아니 최소한 절망에 빠져서 허우적거리는 일은 없다. 내 안의 불안과 공포, 신념과 가치와 이상이 만들어 낸 덫에 발목 잡히지 않기 위해서라도 짓눌린 마음의 틈을 벌려 여유를 만들어 넣고 그 안에 유머를 쏟아 넣는 시도는 꼭 필요하다.

'일베'가 보수 진영을 집결하며 히트를 친 것도 바로 그러한 요소를 끌어들였기 때문이다. 일베는 보수 특유의 '진중한 위계질서'를 무너뜨려야 대중을 끌어들일 수 있음을 간파했다. 하여 나이나 지위고하에 상관없이 서로 반말하고 재미와 웃음을 줄 수 있는 콘셉트로 사이트를 구축했다. 이들은 자신들만의 독특한 '막장 문화'와, '병맛 문화'로 우익의 뿌리 깊은 전통적 권위주의를 가볍게 뛰어넘었다. 누군가 게시판에 들어와 주뼛거리면서 존댓말로 인사를 하면 "이 병맛 새끼는 뭐야?" 하면서 반말을 할 것을 종용한다. 허세와 가식을 자학 모드로 까발리는 것이다. 이것이 한국 사회의 유난스런 권위주의, 형식주의, 체면치레에 지친 이들을 끌어모으는 역할을 했다. 학업에 지친, 줄서기에 지친, 어른들의 잔소리에 버거워하던 어린 학생들이 떼로 일베에 몰려들게 했다. 이 속에서 나이가 열 살 먹었든 쉰 살 먹었든, 학력이 어떻든, 직업이 뭐든을 떠나 그들 표현대로 '모두가 ㅂ신'인 '평등세상'의 자유를 누릴 수 있기 때문이다.

이렇게 일베에 들어가면 우선 재미있고 격식 차릴 부담이 없으니 너도 나도 어울렸고, 심지어 초등학생들까지 몰려들었다. 일상의 의무와 강요되는 과업과 어른들의 권위에 지친 아이들은 그곳에서 해방구를 찾은 것이다. 추정회원 100만 명에 평균 동시 접속자 수가 2만 명이 될 수 있었던 이유이다. 엄청난 수의 사람들이 그 도가니에 빨려 들어

간 것이다. 그리고 그 속에서 자신들도 모르는 사이에 수구 이념으로 세뇌되었다. 일베는 그렇게 자신들 보수의 전매 특허인 '진중한 위계질서'까지 무너뜨리고 새로운 길을 모색했다.

그런데 개개의 주체와 창조적 자율성을 중시하는 진보들이 일베만큼의 자기탈피 노력을 해왔는지 고민해 볼 일이다. 남들은 관심도 없는 거창한 이상만 떠벌리고, 사명감에 치어 자기 식의 정의만을 고집해 오지 않았는지 고민해 볼 일이다. 그 묵직한 형식주의와 엄숙주의의 압력에 눌려 헉헉거리며, 주변 사람들의 숨통까지 막았던 것은 아닌지 고민해 볼 일이다.

세상을 변화시키기 위한 가열찬 신념과 열정과 결의를 모으는 것에 앞서, 먼저 웃자!

세상에서 가장 재미있는 일들을 이해하지 못하는 사람은,

가장 심각한 일들도 다룰 수 없다.

— 윈스턴 처칠 (1874~1965, 영국의 정치인)

훌훌 털어 버리기

이 책을 관통하는 가장 핵심적인 주제는 '주체'이다. 그런데 '진정한 고수'가 되려면 그 주체마저도 버려야 한다. 혹자는 불만을 터뜨릴 것이다. 아니, 그렇다면 처음부터 고수의 비법인 주체를 버리는 방법을 알려줄 것이지, 왜 내내 주체를 세우는 방법을 얘기하다가 마지막에 그걸 다시 버리라고 하냐고 말이다. 이유는 간단하다. 강을 건널 때까지는 배를 버려서는 안 되기 때문이다. 이제 마지막 고지를 오르자.

과거의 철학은 진리를 인식하는 '확고한 주체'를 전제했다. 인간성 자체가 단단한 의식의 결집체이고, 그러한 주체의식이 환경에 맞서 성취를 이뤄나가며 자기완성을 향해 나아간다는 것이다. 하지만 그 가정에는 오류가 많았다. 무엇보다도 그 발상 자체가 인간 상호간의, 인간과 자연 사이의 끝없는 대립을 부추겼고 나치즘과 파시즘의 토대가 되었다.

하여, 인류의 지성은 주체라는 것이 실은 '우리의 선택과 행위의 결과'라며 원인과 결과를 뒤바꿔 놓았다. 다시 말해 지금 내가 생각하고 있는 '나'라는 절대 부동의 그런 단단한 동일자는 존재하지 않고 끊임없는 선택과 행위를 통해 나 자신이 재탄생하고 그러한 과정 과정에 빛과 불꽃으로 타오르는 존재가 바로 주체라는 것이다. 이러한 주장을 한 대표적인 철학자가 바로 들뢰즈였다.

들뢰즈의 철학은 '차이의 철학', '다양체의 철학'이라고 일컬어진다. 동일한 것(보편성) 속에서 다양성(개체성)의 가치를 실현하려는 사상이다. 이에 따라 들뢰즈는 동일성의 철학(보편성의 철학)을 비판한다. 동일성의 철학은 '수목'과 같은 형태를 하고 있다. 본질인 '뿌리와 줄기'에 모든 차이와 특이성, 개별성이 '가지와 잎'처럼 붙어 있다. '뿌리와 줄기'가 '가지와 잎'의 생존을 관장한다. 이 때문에 뿌리와 줄기는 신성불가침의 절대적 권위를 부여받는다. 뿌리와 줄기가 잘리는 순간 거기에 붙어 있는 가지와 잎이 공멸하기 때문이다. 이러한 이해 속에서 위계질서는 명확하고 계층 사이의 이동도 불가하여 각각의 존재는 일정한 위치에 배열되어 주어진 책무를 강요받는다. 나(우리)와 다른 이질적 존재들은 철저히 배척의 대상이 된다. 세상의 모든 배타주의, 획일주의, 형식주의, 전체주의, 어쩌면 이상주의까지도 이러한 수목의 철학, 즉 동일성의 철학(보편성의 철학)에 바탕을 두고 있다.

반면 차이의 철학(다양성의 철학)의 핵심은 '리좀'이다. 리좀은 '줄기에서 뿌리가 뻗어 나가는 땅속줄기 식물'을 뜻하는 생물학 용어이다. 잔디, 대나무, 넝쿨식물 등을 예로 들 수 있다. 가지가 뻗어 나가는 중 땅에 닿으면 뿌리를 내리고 개체가 사는 환경에 맞게 성장한다. 그중 하나의 줄기나 뿌리를 자른다 하더라도 공멸하는 일이 없다. 이들은 계층적 구분 없이 서로 이질적인 다양성을 가지고 수평적으로 연결되어 생장하면서 서로 끊임없이 접속한다. 전체를 통합하는 중심도 없고, 위계질서도 없다. 서로 맞물리면서 수시로 자신들의 모습을 재편하고 군락을 형성한다. 관계 맺기와 배치에 따라 존재의 특성이 바뀌고, 실선이 아닌 점선으로 경계의 드나듦이 자유롭다. 하나의 중심에 매달리지 않고 무한대로 증식하고 관계를 맺는 생성의 특성을 갖는다. 이것이 바로 '차이의 철학'의 묘미이다. 보편성에 특수성이 구겨 넣어지지 않는다는 것. 즉, 집단에 개인성이 희생되지 않고 마음껏 자유를 누릴 수 있다는 것. 특정한 가치와 믿음과 이상에 개인의 자율성이 지배당하지 않는다는 것.

쉽게 비유해 보면 한국 사회는 '대학 나와 군대 갔다 온

남성' 위주의 수목적 형태의 사회이다. 지배구조의 뿌리와 줄기가 이러한 동일성을 요구하고 있다 보니, '대학 못 나오고 군대 못 가고, 남성이 아닌 이들'의 삶이 버거울 수밖에 없다. 들뢰즈적 차이는 이러한 동일성의 균형을 무너뜨리고 그 틈을 벌린다. 개인성과 특이성이 인정받는다. 대학 못 나오고, 군대 못 가고, 남성이 아니더라도 인정받는다. 각각의 개인이 어떤 모습을 했는지와 상관없이 존중받고 이해받는다.

그런데 이렇게 중심과 보편에 흡수되지 않고, 위계와 질서에 얽매이지 않으며 끊임없이 변화하고 생성하고 뻗어나가는 '차이'가 지향하는 궁극은 자기만의 '개성'이 아니다. 단순히 다른 사람들과의 변별력 있는 삶, 시류에 흔들리지 않는 주체적인 삶이 아니다. 차이의 철학의 가장 큰 핵심은 다름 아닌 '자기 자신에 대한 차이'를 만드는 것이다. 나 자신을 끊임없이 변화시키고 초극하는 것이다. 남들과 다른 독특한 가치와 개성만점의 주체가 궁극의 지향이 아니라, 그러한 개성마저도 내던지고 시시각각 변하는 주체, 즉 주체 없는 주체, '어린아이 같은 주체'가 바로 차이의 철학의 핵심이다.

들뢰즈 사상의 정점이 '노마디즘(유목주의)'인 것도 그 때문이다. 유목주의란 하나의 가치, 하나의 이념, 하나의 삶에 머무르지 않는 것이다. 익숙한 존재의 기반에 안주하지 않고 끊임없이 그것들로부터 벗어나는 이방인적 삶을 말한다. 단순히 과거의 익숙한 삶으로부터의 탈피를 말하는 것이 아니다. 일단 과거로부터 탈피해서 현재에 정착했다면 지금 발 딛고 있는 현재는 이내 탈피해야 할 과거가 된다.

이는 단순히 공간성만을 말하는 것이 아니다. 내가 살면서 가져온 경험, 명예, 가치, 이상, 혹은 행복한 경험, 상처, 분노, 증오까지도 다 털어내고 새로운 차원으로 끊임없이 이동하는 것이 유목주의가 지향하는 가치이다. 심지어 그러한 유목적 가치를 거리낌 없이 버리고 안주했다가 다시 유목하기를 자유롭게 선택할 수 있어야 한다. 이렇게 숨 쉬듯 끊임없이 새로움을 창조하고, 차이를 만들어 내며, 틈을 벌리고, 그 벌려진 틈 사이를 뚫고 나아가는 용기와 실천의 연속에 나는 매 순간 태어난다.

이러한 '자기 넘어서기'가 바로 인류 지성이 지금까지 밝힌 철학의 가장 높은 봉우리이다. 인간 존재란 특정한 이념과 사상으로 고착된 덩어리가 아니고, 특정한 집단과 경험 속에서 규정되는 것도 아니며, 끊임없는 움직임과 관계 맺기의 반복 속에서 형성되어가는 운동성 자체라는 것. 이로 인해 우리는 과거에 얽매일 필요도, 환경에 휘둘릴 일도, 스스로의 자아상에 집착할 이유도 없게 된다. 그냥 내 맘대로 내가 원하는 자유를 찾아가면 그만이다. 이는 한편으로 불교에서 "나란 존재하지 않고 무수한 원인과 조건의 상호관계만 존재한다"는 뜻의 '연기(緣起)'와 맥이 통하는 부분이다.

"각각의 법(法, 존재)은 인(因)과 연(緣)에 의해 생겨난다. 나는 이것을 공(空)하다고 말한다. 그리고 가명이라고도 말하며, 중도(中道)의 이치라고도 말한다. 단 하나의 법(法)도 인과 연을 따라 생겨나지 않은 것이 없다. 그러므로 일체의 모든 법이 공하지 않은 것이 없다. 여러 인과 연에 의해 생겨나는 것인 법을 공(空)하다고 나는 말한다. 그 이유는 여러 인과 연이 다 갖추어져서 화합하면 비로소 사물이 생겨나기 때문이다. 따라서 사물은 여러 인과 연에 귀속되는 것이므로 사물 자체에는 고정된 성품이 없다. 고정된 성품이 없으므로 공(空)하다."(용수의 『중론』)

이러한 주체의 버림은 역설적으로 주체를 완전하게 만든다. 움켜쥔 손을 벌리면 세상이 내 손 안에 들어온다. 나라는 주체의 경계를 허물면 세상이 내 것이 된다. 이때 비로소 각각의 주체는 온전히 만난다. 적응된 익숙함과 무리집단으로부터 떨어져 나와 고독을 자처했던 결실을 맺는 것이다. 더 멀리, 더 치열하게 떠난 결과, 더 반갑게 만날 수 있는 것이다.

히스테리, 피해의식, 편집증, 독단, 나태, 맹목적인 열정, 분노와 증오, 공포, 욕망, 불안, 집단적 휩쓸림, 사회적 약자라는 훈장, 그럴싸한 이상주의에 갇힌 정신 역시 바로 이 순간 해방을 맞게 된다. 잡을 수 없는 것을 쫓으며 몸부림치던 영혼의 끝없던 갈증도 그 순간 멈춘다.

동서양의 지혜의 스승들은 이렇게 진즉부터 우리가 가야 할 길을 말해 주고 있음에도 우리는 아상에 갇혀, 자신을 있게 한 조건에 발목 잡혀, 지나간 과거의 그림자를 쫓아 뒷걸음질치고 있지 않는지.

그는 원을 그려 나를 밖으로 밀어냈다. 나에게 온갖 비난을 퍼부으면서. 그러나 나에게는 그것을 극복할 수 있는 사랑과 지혜가 있었다. 나는 더 큰 원을 그려 그를 안으로 초대했다.

— 에드윈 마크햄 (1852~1940, 미국의 시인)

둥글이의 노래

나와 반목했던 사람들이 잘못되기를 바라는 못된 심보를 내 안에서 발견하게 된다.

내 안의 쪼잔한 심성을 절대선으로 포장하며, 내 현학적인 관념과 이상을 뽐내기 위해 남들이 발 딛고 있는 현실의 지반을 뒤흔들고 있는 것이 아닌지.

잘못된 길로 들어섰음을 알았을 때마저, 거기까지 오는 데에 들인 많은 시간과 열정과 자존심이 아까워 뒤로 물러날 용기를 내지 못하고 계속 전진만 하고 있지는 않은지.

더 넓은 세계로 나아갈 기회를 포기하고, 사회적 약자라는 낙인을 즐기며, 그 안에 움츠린 채 세상을 향해 손가락질하는 것에만 재미가 붙은 것은 아닌지.

그 무수한 과오와 미숙함이 만들어 낸, 그리고 만들어 낼 불면의 밤들은 내가 자처한 것이었다. 스스로의 목에 채운

이 부조리의 사슬을 어떻게 끊어 낼 것인가.

내 존재가 타인의 발목을 잡고 쓰러뜨리며 피를 말리는 것이 아닌, 그들의 발걸음을 가볍게 하고, 등을 떠밀어 주며, 생기와 열정과 영감을 불어넣어 줄 수 있다면. 반대로 내가 그들로부터 그것들을 전해 받을 수 있을 만큼 해맑고 순수하다면.

무엇보다 내가 이 분열과 혼돈 가득한 세계에서 증오와 자학에 빠지지 않고, 그 속에 여유를 불어넣으며 큰 사랑을 찾아 성큼성큼 나아갈 수 있다면.

그것은 그럴싸한 감상과 거창한 관념의 자족이 아니라, 숨 쉬듯 꾸준히 일상에서 이루는 예민한 감수성과 자잘한 실천의 반복을 통해 이뤄짐을 자각할 수 있다면. 하여 막연한 기대, 부풀려진 희망, 감상적 사랑, 그럴싸한 미래상에 안주하지 않고, 작은 성취들의 끊임없는 반복을 통해 그 세계를 열어 낼 수 있다면.

하지만 이러한 노력을 통해서 얻어진 성취 위에 자만의

탑을 쌓지 않고, 혹여나 그 탑이 세워져 있음을 발견할 때 주저 없이 내 손으로 무너뜨릴 수 있다면.

이러한 원리를 실행하기에 내가 너무 나약해 한 번씩 쓰러질지라도, 고동치는 심장이 다시 나를 일으켜 세울 수 있다면.

봄바람 산들거리는 언덕 위의 꽃과 나비 같은 평온이, 칼바람 몰아치는 폭풍의 항해 같은 격정과 함께 내 삶의 조화를 이루기를.

우리가 가진 다양한 힘을 어떻게 현실에 발현시키고 적용하느냐에 따라 인생의 향방이 결정된다. 이 책에서는 그러한 균형을 탐구했다.

'힘 있다고' 상대를 끌어내리고 짓밟아서는 안 된다. 반대로 '힘도 없는 주제에' 자존심만 찾고 목소리만 높여서도 안 된다. 세상의 변화에 대한 열망을 가지고 있다면 자신이 가진 이상과 기질과 분노와 증오와 세태에 떠밀리지 않고 묵직하게 걸어야 한다. "칼끝을 날카롭게 연마하되 그것이 함부로 드러나지 않아야 한다."(『중용』) 결정적일 때 빼서 휘둘러야 한다.

자신이 가진 능력이 변화시킬 수 있는 현실의 폭을 가늠하고, 조금이라도 더 나은 세상을 만들 수 있는 가장 적합한 작용점을 찾아, 때론 가열차게 진군하다가도, 어느 때 뒷걸음질도 치고, 상대에게 무릎을 꿇고 애걸하며 오줌을 맞는 것도 감수해야 한다. 눈앞의 거대한 장벽을 망치로 때려 부수는 격렬함의 이면에, 산들거리는 꽃잎에 가슴 시리는 예민한 온정이 함께해야 한다. "그 신속함은 바람과 같이 빠르고, 그 느림은 숲과 같이 은밀하다. 침략할 때에는 불과 같이 맹렬하고, 움직이지 않을 때에는 산과 같이 장중하고, 움직일 때에는 번개와 같이 빠르게 한다."(손자)

하지만 거기에 무리한 작위가 있어서는 안 된다. 『법구경』에서는 "지나가 버린 것을 슬퍼하지 않고, 오지 않는 것을 기대하지 않고, 현재에 만족할 때 그 안색은 깨끗해진다"고 했고, 『성경』에는 "내 뜻이 아닌 주님 뜻대로 하옵소서"라고 씌어 있다. 그것은 무기력한 수동성을 뜻하는 것이 결코 아니다. '적극적 관조'에 관한 이야기이다. 파도에 충분히 몸을 맡겨 본 뒤에야 제대로 된 항해를 할 수 있다. 그 깊은 성찰의 끝에 자유가 있다.

에너지를 팽창시키는 양(陽)의 기운이 에너지를 수축시키는 음(陰)의 기운과 만들어 내는 오묘한 조화와 작용점을 파악하고, 일의 때를 찾아내고 관계의 역학을 밝힐 수 있는 혜안을 가져야 한다. 이것으로부터 저것이 나오고 저것으로부터 이것이 나오는 묘한 이치를 통달하며, 그 깨달은 것을 꾸준히 수행하고, 혼과 심을 함께 닦아야 한다.

'생존을 위한 투쟁'과 '이상향으로의 진군'과 '영적 단련'은 결코 다른 성질의 것이 아니다. 일상의 구체적 실천 속에서 하나로 어우러져야 하는 삶, 그것이다. 물질은 정신으로 삼투되고 정신은 물질로 배어 들어간다. 보수와 진보, 좌뇌와 우뇌, 분석과 종합, 싸움과 화해, 어둠과 밝음, 강한 것과 부드러운 것, 극소와 극대, 존재와 무, 우연과 필연, 본질과 현상, 보편과 특수, 뿌리와 줄기, 나와 네가 결국은 생의 대양에서 하나로 만나야 하듯이 말이다. 어디가 시작인 줄 알 수 없는 이것과 저것의 요철은 다만 존재의 톱니바퀴에 맞물려 끊임없이 돌아갈 뿐이다. 그리고 이 모든 존재의 운동을 결정하는 가장 핵심 변수가 바로 '나'이다.

둥글이, 싸움의 철학

초판 1쇄 발행 2019년 6월 28일

지은이 박성수
펴낸이 오은지
책임편집 변홍철
펴낸곳 도서출판 한티재 등록 2010년 4월 12일 제2010-000010호
주소 42087 대구시 수성구 달구벌대로 492길 15
전화 053-743-8368 팩스 053-743-8367
전자우편 hantibooks@gmail.com 블로그 www.hantibooks.com

ISBN 979-11-90178-07-5 03100

이 도서의 국립중앙도서관 출판예정도서목록(CIP)은 서지정보유통지원시스템
홈페이지(http://seoji.nl.go.kr)와 국가자료공동목록시스템
(http://www.nl.go.kr/kolisnet)에서 이용하실 수 있습니다.
(CIP제어번호: CIP2019022905)